Molière
Le Malade imaginaire

Comédie en trois actes

Herausgegeben von
Monika Schlitzer

Philipp Reclam jun. Stuttgart

Universal-Bibliothek Nr. 9217 [2]
Alle Rechte vorbehalten
© 1987 Philipp Reclam jun., Stuttgart
Gesamtherstellung: Reclam, Ditzingen
Printed in Germany 1987
ISBN 3-15-009217-5

Le Malade imaginaire

Acteurs

ARGAN, *malade imaginaire*
BÉLINE, *seconde femme d'Argan*
ANGÉLIQUE, *fille d'Argan, et amante de Cléante*
LOUISON, *petite fille d'Argan, et sœur d'Angélique*
BÉRALDE, *frère d'Argan*
CLÉANTE, *amant d'Angélique*
MONSIEUR DIAFOIRUS, *médecin*
THOMAS DIAFOIRUS, *son fils, et amant d'Angélique*
MONSIEUR PURGON, *médecin d'Argan*
MONSIEUR FLEURANT, *apothicaire*
MONSIEUR BONNEFOY, *notaire*
TOINETTE, *servante*

La scène est à Paris.

Acte premier

Scène première

ARGAN *(seul dans sa chambre assis, une table devant lui, compte des parties d'apothicaire avec des jetons; il fait, parlant à lui-même, les dialogues suivants).* Trois et deux font cinq, et cinq font dix, et dix font vingt. Trois et deux font cinq. «Plus, du vingt-quatrième, un petit clystère insinuatif, préparatif, et rémollient, pour amollir, humecter, et rafraîchir les entrailles de Monsieur.» Ce qui me plaît de Monsieur Fleurant, mon apothicaire, c'est que ses parties sont toujours fort civiles: «les entrailles de Monsieur, trente sols». Oui, mais, Monsieur Fleurant, ce n'est pas tout que d'être civil, il faut être aussi raisonnable, et ne pas écorcher les malades. Trente sols un lavement: Je suis votre serviteur, je vous l'ai déjà dit. Vous ne me les avez mis

---

4 **les parties d'apothicaire** (*m.*): Aufstellung des Apothekers (*la partie:* hier: einzelner Posten einer Rechnung).
 le jeton: hier: Zählmarke (wurde als Rechenhilfe benutzt).
8 **le clystère:** Klistier, Einlauf.
 insinuatif, ve: behutsam eindringend, gleitfreudig.
 rémollient, e: erweichend, entspannend, lockernd.
9 **amollir:** erweichen, geschmeidig machen.
 humecter: befeuchten.
 les entrailles *f.:* Eingeweide, Gedärme.
12 **civil, e:** hier: höflich.
 le sol (= *sou*): Währungseinheit (1 *livre* = 20 *sols*; 1 *sol* = 12 *deniers*).
14 **écorcher qn** (fig.): jdm. das Fell über die Ohren ziehen, jdn. ausnehmen.
15 **le lavement:** Einlauf.

dans les autres parties qu'à vingt sols, et vingt sols en
langage d'apothicaire, c'est-à-dire dix sols; les voilà,
dix sols. «Plus, dudit jour, un bon clystère détersif,
composé avec catholicon double, rhubarbe, miel ro-
5   sat, et autres, suivant l'ordonnance, pour balayer, la-
ver, et nettoyer le bas-ventre de Monsieur, trente
sols.» Avec votre permission, dix sols. «Plus, dudit
jour, le soir, un julep hépatique, soporatif, et somnifère, composé pour faire dormir Monsieur, trente-
10   cinq sols.» Je ne me plains pas de celui-là, car il me fit
bien dormir. Dix, quinze, seize et dix-sept sols, six
deniers. «Plus, du vingt-cinquième, une bonne médecine purgative et corroborative, composée de casse
récente avec séné levantin, et autres, suivant l'ordon-
15   nance de Monsieur Purgon, pour expulser et évacuer
la bile de Monsieur, quatre livres.» Ah! Monsieur

3 **dudit jour:** an besagtem, am selben Tag.
 détersif, ve: reinigend.
4 **le catholicon:** aus versch. Kräuterpulvern hergestelltes Allheilmittel.
 la rhubarbe: Rhabarber.
4f. **le miel rosat:** Rosenhonig.
6 **le bas-ventre:** Unterleib.
8 **le julep:** Arzneitrank, Heiltrank.
 hépathique: Leber-, für die Leber.
 soporatif, ve: schlaffördernd.
8f. **somnifère:** einschläfernd.
13 **purgatif, ve:** reinigend, abführend.
 corroboratif, ve: stärkend, kräftigend.
13f. **la casse récente:** frische Kassie (tropische Pflanzengattung, deren
 verschiedene Früchte als Abführmittel verwendet wurden).
14 **le séné:** Sennespflanze (Unterart der Kassie).
 levantin, e: levantinisch, aus der Levante (Länder um das östliche
 Mittelmeer).
15 **expulser:** austreiben; hier: ausspülen.
 évacuer: entleeren.
16 **la bile:** Galle.

Fleurant, c'est se moquer; il faut vivre avec les malades. Monsieur Purgon ne vous a pas ordonné de mettre quatre francs. Mettez, mettez trois livres, s'il vous plaît. Vingt et trente sols. «Plus, dudit jour, une potion anodine et astringente, pour faire reposer Monsieur, trente sols.» Bon, dix et quinze sols. «Plus, du vingt-sixième, un clystère carminatif, pour chasser les vents de Monsieur, trente sols.» Dix sols, Monsieur Fleurant. «Plus, le clystère de Monsieur réitéré le soir, comme dessus, trente sols.» Monsieur Fleurant, dix sols. «Plus, du vingt-septième, une bonne médecine composée pour hâter d'aller, et chasser dehors les mauvaises humeurs de Monsieur, trois livres.» Bon, vingt et trente sols: je suis bien aise que vous soyez raisonnable. «Plus, du vingt-huitième, une prise de petit-lait clarifié, et dulcoré, pour adoucir, lénifier,

---

1 f. **il faut vivre avec les malades:** man muß die Kranken (auch) leben lassen.
4 **la potion:** Arzneitrank, Heiltrank.
5 **anodin, e:** schmerzstillend, lindernd.
  astringent, e: adstringierend, (das Gewebe) zusammenziehend.
7 **carminatif, ve:** gegen Blähungen.
9 **réitérer qc:** etwas wiederholen.
10 **comme dessus:** wie oben aufgeführt.
12 **hâter qc:** etwas beschleunigen, fördern.
13 **les humeurs** *f.:* Körpersäfte. Nach antiker Lehre gibt es vier Körpersäfte, die im Ausgleich sein müßten: Blut, Schleim, schwarze Galle, weiße bzw. gelbe Galle; sie standen für vier verschiedene »Temperamente«: Sanguiniker, Phlegmatiker, Melancholiker, Choleriker.
14 **être bien aise:** zufrieden sein, froh sein.
15 **la prise:** Einnehmen, Einnahme; hier: Dosis.
16 **le petit-lait:** Molke.
  clarifier: klären.
  dulcorer (= *édulcorer*): süßen.
  adoucir: besänftigen, beruhigen.
  lénifier: beruhigen.

tempérer, et rafraîchir le sang de Monsieur, vingt
sols.» Bon, dix sols. «Plus, une potion cordiale et pré-
servative, composée avec douze grains de bézoard,
sirops de limon et grenade, et autres, suivant l'or-
5   donnance, cinq livres.» Ah! Monsieur Fleurant, tout
doux, s'il vous plaît; si vous en usez comme cela, on ne
voudra plus être malade: contentez-vous de quatre
francs. Vingt et quarante sols. Trois et deux font cinq,
et cinq font dix, et dix font vingt. Soixante et trois
10 livres, quatre sols, six deniers. Si bien donc que de ce
mois j'ai pris une, deux, trois, quatre, cinq, six, sept et
huit médecines; et un, deux, trois, quatre, cinq, six,
sept, huit, neuf, dix, onze et douze lavements; et l'autre mois il y avait douze médecines, et vingt lavements.
15 Je ne m'étonne pas si je ne me porte pas si bien ce
mois-ci que l'autre. Je le dirai à Monsieur Purgon, afin
qu'il mette ordre à cela. Allons, qu'on m'ôte tout ceci.
Il n'y a personne: j'ai beau dire, on me laisse toujours
seul; il n'y a pas moyen de les arrêter ici. *(Il sonne une*
20 *sonnette pour faire venir ses gens.)* Ils n'entendent
point, et ma sonnette ne fait pas assez de bruit. Drelin,
drelin, drelin: point d'affaire. Drelin, drelin, drelin: ils

---

1 **tempérer:** mäßigen.
2 **cordial, e:** hier: herzstärkend.
2 f. **préservatif, ve:** vorbeugend.
3 **le grain:** hier: Gran (alte Maßeinheit, etwa ½0 Gramm).
  le bézoard: Bezoarstein (dem Magen oder Darm von Wiederkäuern
  entnomme steinartige Ablagerung; galt allgemein als Gegengift).
4 **la grenade:** Granatapfel.
5 f. **tout doux:** hier: immer sachte, langsam.
6 **en user:** handeln, sich verhalten, verfahren.
20 **la sonnette:** Klingel, Glocke.
21 **drelin:** klingeling (lautmalerisch).
22 **point d'affaire:** alles umsonst!, nichts zu machen!

sont sourds. Toinette! Drelin, drelin, drelin: tout
comme si je ne sonnais point. Chienne, coquine! Drelin, drelin, drelin: j'enrage. *(Il ne sonne plus mais il*
crie.) Drelin, drelin, drelin: carogne, à tous les dia-
5 bles! Est-il possible qu'on laisse comme cela un pauvre
malade tout seul? Drelin, drelin, drelin: voilà qui est
pitoyable! Drelin, drelin, drelin: ah, mon Dieu! ils me
laisseront ici mourir. Drelin, drelin, drelin.

Scène II

10 *Toinette. Argan.*

TOINETTE *(en entrant dans la chambre).* On y va.

ARGAN. Ah, chienne! ah, carogne . . .!

TOINETTE *(faisant semblant de s'être cogné la tête).* Diantre soit fait de votre impatience! vous pressez si fort les
15 personnes, que je me suis donné un grand coup de la
tête contre la carne d'un volet.

ARGAN *(en colère).* Ah! traîtresse . . .!

TOINETTE *(pour l'interrompre et l'empêcher de crier, se*
plaint toujours en disant). Ha!

20 ARGAN. Il y a . . .

TOINETTE. Ha!

ARGAN. Il y a une heure . . .

---

2 **la coquine:** Luder.
3 **enrager:** rasend werden, aus der Haut fahren, in Wut geraten.
4 **la carogne:** gemeines Aas.
7 **pitoyable:** erbärmlich, trostlos.
13 **se cogner:** sich stoßen.
13f. **diantre soit fait de . . . :** zum Teufel mit . . .
16 **la carne:** Ecke, spitze Kante.
  le volet: Fensterladen.
17 **la traîtresse:** hier: falsches Luder, hinterlistiges Biest.

TOINETTE. Ha!

ARGAN. Tu m'as laissé . . .

TOINETTE. Ha!

ARGAN. Tais-toi donc, coquine, que je te querelle.

5 TOINETTE. Çamon, ma foi! j'en suis d'avis, après ce que je me suis fait.

ARGAN. Tu m'as fait égosiller, carogne.

TOINETTE. Et vous m'avez fait, vous, casser la tête: l'un vaut bien l'autre; quitte à quitte, si vous voulez.

10 ARGAN. Quoi? coquine . . .

TOINETTE. Si vous querellez, je pleurerai.

ARGAN. Me laisser, traîtresse . . .

TOINETTE *(toujours pour l'interrompre)*. Ha!

ARGAN. Chienne, tu veux . . .

15 TOINETTE. Ha!

ARGAN. Quoi? il faudra encore que je n'aie pas le plaisir de la quereller.

TOINETTE. Querellez tout votre soûl, je le veux bien.

ARGAN. Tu m'en empêches, chienne, en m'interrompant
20 à tous coups.

TOINETTE. Si vous avez le plaisir de quereller, il faut bien que, de mon côté, j'aie le plaisir de pleurer: chacun le sien, ce n'est pas trop. Ha!

ARGAN. Allons, il faut en passer par-là. Ôte-moi ceci,

---

4 **quereller qn:** mit jdm. schimpfen, jdn. schelten.
5 **çamon:** ja wirklich!
　ma foi: wahrhaftig!
7 **égosiller** (= *s'égosiller*): sich heiser schreien.
9 **quitte à quitte:** wir sind quitt.
18 **tout son soûl:** so viel man will, nach Herzenslust (*soûl, e:* be-
　trunken).
24 **il faut en passer par là:** hier: tu was du nicht lassen kannst, von mir aus,
　wenn's nicht anders geht.

coquine, ôte-moi ceci. *(Argan se lève de sa chaise.)*
Mon lavement d'aujourd'hui a-t-il bien opéré?

TOINETTE. Votre lavement?

ARGAN. Oui. Ai-je bien fait de la bile?

5 TOINETTE. Ma foi! je ne me mêle point de ces affaires-là:
c'est à Monsieur Fleurant à y mettre le nez, puis-qu'il
en a le profit.

ARGAN. Qu'on ait soin de me tenir un bouillon prêt, pour
l'autre que je dois tantôt prendre.

10 TOINETTE. Ce Monsieur Fleurant-là et ce Monsieur Purgon s'égayent bien sur votre corps; ils ont en vous une
bonne vache à lait; et je voudrais bien leur demander
quel mal vous avez, pour vous faire tant de remèdes.

ARGAN. Taisez-vous, ignorante, ce n'est pas à vous à con-
15 trôler les ordonnances de la médecine. Qu'on me fasse
venir ma fille Angélique, j'ai à lui dire quelque
chose.

TOINETTE. La voici qui vient d'elle-même: elle a deviné
votre pensée.

20 # Scène III
Angélique. Toinette. Argan.

ARGAN. Approchez, Angélique; vous venez à propos: je
voulais vous parler.

ANGÉLIQUE. Me voilà prête à vous ouïr.

---

2 **opérer:** hier: wirken.
4 **faire de la bile:** Galle ausscheiden, absondern.
8 **avoir soin de faire qc:** für etwas sorgen; sich um etwas kümmern.
11 **s'égayer sur qc:** hier: seine helle Freude an etwas haben.
13 **le remède:** Heilmittel, Arznei, Medikament.
22 **à propos:** gerade recht, wie gerufen, im richtigen Moment.
24 **ouïr qn:** jdn. (an)hören.

ARGAN *(courant au bassin).* Attendez. Donnez-moi mon
bâton. Je vais revenir tout à l'heure.

TOINETTE *(en le raillant).* Allez vite, Monsieur, allez.
Monsieur Fleurant nous donne des affaires.

5 ## Scène IV

Angélique. Toinette.

ANGÉLIQUE *(la regardant d'un œil languissant, lui dit
    confidemment).* Toinette.

TOINETTE. Quoi?

10 ANGÉLIQUE. Regarde-moi un peu.

TOINETTE. Hé bien! je vous regarde.

ANGÉLIQUE. Toinette.

TOINETTE. Hé bien, quoi, Toinette?

ANGÉLIQUE. Ne devines-tu point de quoi je veux parler?

15 TOINETTE. Je m'en doute assez, de notre jeune amant; car
c'est sur lui, depuis six jours, que roulent tous nos
entretiens; et vous n'êtes point bien si vous n'en parlez
à toute heure.

ANGÉLIQUE. Puisque tu connais cela, que n'es-tu donc la
20 première à m'en entretenir, et que ne m'épargnes-tu la
peine de te jeter sur ce discours?

TOINETTE. Vous ne m'en donnez pas le temps, et vous

---

1 **le bassin:** hier: Nachtstuhl, Leibschüssel.
2 **toute à l'heure:** hier: gleich, sofort.
3 **railler qn:** über jdn. spotten, sich über jdn. lustig machen.
4 **donner des affaires à qn:** jds. Geschäft(e) fördern (ironisch).
7 **languissant, e:** schmachtend, verzückt.
8 **confidemment** (adv.): vertraulich, in vertraulichem Ton.
19 **que:** *pourquoi.*
21 **le discours:** hier: (Gesprächs-)Thema.

avez des soins là-dessus qu'il est difficile de prévenir.

ANGÉLIQUE. Je t'avoue que je ne saurais me lasser de te
parler de lui, et que mon cœur profite avec chaleur
5 de tous les moments de s'ouvrir à toi. Mais dis-moi,
condamnes-tu, Toinette, les sentiments que j'ai pour
lui?

TOINETTE. Je n'ai garde.

ANGÉLIQUE. Ai-je tort de m'abandonner à ces douces im-
10 pressions?

TOINETTE. Je ne dis pas cela.

ANGÉLIQUE. Et voudrais-tu que je fusse insensible aux
tendres protestations de cette passion ardente qu'il
témoigne pour moi?

15 TOINETTE. À Dieu ne plaise!

ANGÉLIQUE. Dis-moi un peu, ne trouves-tu pas, comme
moi, quelque chose du Ciel, quelque effet du destin,
dans l'aventure inopinée de notre connaissance?

TOINETTE. Oui.

20 ANGÉLIQUE. Ne trouves-tu pas que cette action d'embrasser ma défense sans me connaître est tout à fait d'un
honnête homme?

---

1 **le soin:** hier: Eifer, Begeisterung.
1f. **prévenir qc:** hier: einer Sache zuvorkommen.
3 **se lasser de faire qc:** müde werden, es satt haben, etwas zu tun.
8 **Je n'ai garde:** Ich werde mich hüten!
9 **s'abandonner à qc:** sich einer Sache (ganz) hingeben.
9f. **une impression:** hier: Regung, Gefühl.
13 **la protestation:** Beteuerung, Schwur.
ardent, e: glühend, brennend.
15 **À Dieu ne plaise!:** Behüte Gott! Gott bewahre!
18 **une aventure:** hier: Zufall, Glücksfall.
inopiné, e: unvorhergesehen, unerwartet.
20f. **embrasser qc:** etwas ergreifen, übernehmen.
22 **un honnête homme:** Ehrenmann, Edelmann.

TOINETTE. Oui.

ANGÉLIQUE. Que l'on ne peut pas en user plus généreusement?

TOINETTE. D'accord.

5 ANGÉLIQUE. Et qu'il fit tout cela de la meilleure grâce du
monde?

TOINETTE. Oh! oui.

ANGÉLIQUE. Ne trouves-tu pas, Toinette, qu'il est bien
fait de sa personne?

10 TOINETTE. Assurément.

ANGÉLIQUE. Qu'il a l'air le meilleur du monde?

TOINETTE. Sans doute.

ANGÉLIQUE. Que ses discours, comme ses actions, ont
quelque chose de noble?

15 TOINETTE. Cela est sûr.

ANGÉLIQUE. Qu'on ne peut rien entendre de plus pas-
sionné que tout ce qu'il me dit?

TOINETTE. Il est vrai.

ANGÉLIQUE. Et qu'il n'est rien de plus fâcheux que la
20 contrainte où l'on me tient, qui bouche tout commerce
aux doux empressements de cette mutuelle ardeur que
le Ciel nous inspire?

---

2 f. **généreusement** (adv.): großmütig, hochherzig.
5 **la grâce:** Anstand, Höflichkeit.
8 f. **être bien fait de sa personne:** von schöner Gestalt sein.
10 **assurément** (adv.): sicherlich, gewiß.
11 **un air:** Äußeres, Erscheinung, Aussehen.
19 **fâcheux, se:** hier: schlimm, grausam.
20 **la contrainte:** Zwang; Unfreiheit, Beschränkung.
    boucher: hier: verhindern, unterbinden.
    le commerce: hier: Umgang, Beziehung.
21 **un empressement:** Liebesdrängen, Leidenschaft.
    mutuel, le: gegenseitig, beiderseitig.
    une ardeur: Glut; Verlangen.
22 **inspirer qc à qn:** jdm. etwas eingeben, etwas in jdm. wecken.

TOINETTE. Vous avez raison.

ANGÉLIQUE. Mais, ma pauvre Toinette, crois-tu qu'il
m'aime autant qu'il me le dit?

TOINETTE. Eh, eh! ces choses-là, parfois, sont un peu
5   sujettes à caution. Les grimaces d'amour ressemblent
fort à la vérité; et j'ai vu de grands comédiens là-
dessus.

ANGÉLIQUE. Ah! Toinette, que dis-tu là? Hélas! de la
façon qu'il parle, serait-il bien possible qu'il ne me dît
10   pas vrai?

TOINETTE. En tout cas, vous en serez bientôt éclaircie; et
la résolution où il vous écrivit hier qu'il était de vous
faire demander en mariage est une prompte voie à
vous faire connaître s'il vous dit vrai, ou non: c'en sera
15   là la bonne preuve.

ANGÉLIQUE. Ah! Toinette, si celui-là me trompe, je ne
croirai de ma vie aucun homme.

TOINETTE. Voilà votre père qui revient.

---

2 **pauvre:** hier: gut, lieb.
5 **qc est sujet, te à caution** (*f.*): bei etwas ist Vorsicht geboten; etwas ist
    mit Vorsicht anzugehen.
    la grimace: Fratze, Maske; Heuchelei, Vortäuschung.
6 **le comédien:** Schauspieler; Heuchler.
11 **éclaircir qn:** jdn. aufklären, jdm. Klarheit verschaffen.
12 **la résolution ... qu'il était:** *la résolution qu'il a prise et dont il vous a
    écrit hier* (*la résolution:* Entschluß).
17 **de ma vie:** in meinem ganzen Leben.

Scène V

Argan. Angélique. Toinette.

ARGAN *(se met dans sa chaise)*. Ô çà, ma fille, je vais vous
dire une nouvelle, où peut-être ne vous attendez-vous
5   pas. On vous demande en mariage. Qu'est-ce que cela? vous riez. Cela est plaisant, oui, ce mot de mariage;
il n'y a rien de plus drôle pour les jeunes filles: ah!
nature, nature! À ce que je puis voir, ma fille, je n'ai
que faire de vous demander si vous voulez bien vous
10   marier.

ANGÉLIQUE. Je dois faire, mon père, tout ce qu'il vous
plaira de m'ordonner.

ARGAN. Je suis bien aise d'avoir une fille si obéissante. La
chose est donc conclue, et je vous ai promise.

15 ANGÉLIQUE. C'est à moi, mon père, de suivre aveuglément toutes vos volontés.

ARGAN. Ma femme, votre belle-mère, avait envie que je
vous fisse religieuse, et votre petite sœur Louison aussi, et de tout temps elle a été aheurtée à cela.

20 TOINETTE *(tout bas)*. La bonne bête a ses raisons.

ARGAN. Elle ne voulait point consentir à ce mariage, mais
je l'ai emporté, et ma parole est donnée.

---

3 **ô çà:** nun (also).
5 **demander qn en mariage:** um jds. Hand anhalten.
6 **plaisant, e:** spaßig, komisch.
8 f. **n'avoir que faire de faire qc:** kaum noch etwas zu tun brauchen.
14 **promettre qn:** jdn. (zur Heirat) versprechen.
17 **la belle-mère:** Stiefmutter.
18 **la religieuse:** Nonne.
19 **être aheurté, e à qc:** auf etwas eigensinnig bestehen, etwas durchsetzen wollen.
22 **l'emporter:** sich durchsetzen, sich behaupten.

ANGÉLIQUE. Ah! mon père, que je vous suis obligée de toutes vos bontés.

TOINETTE. En vérité, je vous sais bon gré de cela, et voilà l'action la plus sage que vous ayez faite de votre vie.

ARGAN. Je n'ai point encore vu la personne; mais on m'a dit que j'en serais content, et toi aussi.

ANGÉLIQUE. Assurément, mon père.

ARGAN. Comment! l'as-tu vu?

ANGÉLIQUE. Puisque votre consentement m'autorise à vous pouvoir ouvrir mon cœur, je ne feindrai point de vous dire que le hasard nous a fait connaître il y a six jours, et que la demande qu'on vous a faite est un effet de l'inclination que, dès cette première vue, nous avons prise l'un pour l'autre.

ARGAN. Ils ne m'ont pas dit cela; mais j'en suis bien aise, et c'est tant mieux que les choses soient de la sorte. Ils disent que c'est un grand jeune garçon bien fait.

ANGÉLIQUE. Oui, mon père.

ARGAN. De belle taille.

ANGÉLIQUE. Sans doute.

ARGAN. Agréable de sa personne.

ANGÉLIQUE. Assurément.

ARGAN. De bonne physionomie.

ANGÉLIQUE. Très bonne.

---

1 **être obligé, e à qn:** jdm. dankbar sein, jdm. zu Dank verpflichtet sein.
3 **savoir (bon) gré à qn:** jdm. Dank wissen, jdm. dankbar sein.
4 **sage:** hier: vernünftig.
10 **le consentement:** Zustimmung, Einverständnis.
11 **feindre:** sich verstellen, so tun als ob; hier: zögern.
13 **la demande:** hier: Heiratsantrag.
14 **une inclination:** Zuneigung.
20 **de belle taille:** von stattlicher Erscheinung.

ARGAN. Sage, et bien né.

ANGÉLIQUE. Tout à fait.

ARGAN. Fort honnête.

ANGÉLIQUE. Le plus honnête du monde.

5 ARGAN. Qui parle bien latin, et grec.

ANGÉLIQUE. C'est ce que je ne sais pas.

ARGAN. Et qui sera reçu médecin dans trois jours.

ANGÉLIQUE. Lui, mon père?

ARGAN. Oui. Est-ce qu'il ne te l'a pas dit?

10 ANGÉLIQUE. Non vraiment. Qui vous l'a dit à vous?

ARGAN. Monsieur Purgon.

ANGÉLIQUE. Est-ce que Monsieur Purgon le connaît?

ARGAN. La belle demande! il faut bien qu'il le connaisse,
puisque c'est son neveu.

15 ANGÉLIQUE. Cléante, neveu de Monsieur Purgon?

ARGAN. Quel Cléante? Nous parlons de celui pour qui
l'on t'a demandée en mariage.

ANGÉLIQUE. Hé! oui.

ARGAN. Hé bien, c'est le neveu de Monsieur Purgon, qui
20 est le fils de son beau-frère le médecin, Monsieur Diafoirus; et ce fils s'appelle Thomas Diafoirus, et non pas
Cléante; et nous avons conclu ce mariage-là ce matin,
Monsieur Purgon, Monsieur Fleurant et moi, et, demain, ce gendre prétendu doit m'être amené par son
25 père. Qu'est-ce? vous voilà tout ébaubie?

---

1 **bien né, e:** aus guter Familie, aus gutem Hause.
3 **honnête:** ehrenhaft, gesittet, höflich.
7 **être reçu, e médecin:** sein Arztdiplom bekommen.
13 **La belle demande!:** Was für eine Frage!
24 **le gendre:** Schwiegersohn.
   prétendu, e: hier: zukünftig, in spe.
25 **ébaubi, e:** sprachlos, fassungslos, außer sich.

ANGÉLIQUE. C'est, mon père, que je connais que vous avez parlé d'une personne, et que j'ai entendu une autre.

TOINETTE. Quoi? Monsieur, vous auriez fait ce dessein
5   burlesque? Et avec tout le bien que vous avez, vous voudriez marier votre fille avec un médecin?

ARGAN. Oui. De quoi te mêles-tu, coquine, impudente que tu es?

TOINETTE. Mon Dieu! tout doux: vous allez d'abord aux
10   invectives. Est-ce que nous ne pouvons pas raisonner ensemble sans nous emporter? Là, parlons de sang-froid. Quelle est votre raison, s'il vous plaît, pour un tel mariage?

ARGAN. Ma raison est que, me voyant infirme et malade
15   comme je suis, je veux me faire un gendre et des alliés médecins, afin de m'appuyer de bons secours contre ma maladie, d'avoir dans ma famille les sources des remèdes qui me sont nécessaires, et d'être à même des consultations et des ordonnances.

20 TOINETTE. Hé bien! voilà dire une raison, et il y a plaisir à

---

  1 **connaître:** hier: begreifen, erkennen.
  2 **entendre:** hier: meinen, denken an.
  4 **le dessein:** Plan, Absicht.
  5 **burlesque:** lustig, komisch; hier: lächerlich, unsinnig.
  7 **impudent, e:** unverschämt, frech, dreist.
10 **une invective:** Beschimpfung, Schimpfen.
    raisonner: hier: diskutieren, (vernünftig) reden.
11 **s'emporter:** sich aufregen, ereifern, in Wut geraten.
11 f. **de sang-froid:** in aller Ruhe, Gelassenheit.
14 **infirme:** schwach, krank.
15 **un allié:** (angeheirateter) Verwandter.
16 **s'appuyer de qc:** hier: sich etwas sichern.
18 **être à même de qc:** über etwas verfügen, etwas in Reichweite haben.
19 **la consultation:** ärztlicher Rat, Beratung.

se répondre doucement les uns aux autres. Mais, Monsieur, mettez la main à la conscience: est-ce que vous êtes malade?

ARGAN. Comment, coquine, si je suis malade? si je suis
5 malade, impudente?

TOINETTE. Hé bien! oui, Monsieur, vous êtes malade, n'ayons point de querelle là-dessus; oui, vous êtes fort malade, j'en demeure d'accord, et plus malade que vous ne pensez: voilà qui est fait. Mais votre fille doit
10 épouser un mari pour elle; et, n'étant point malade, il n'est pas nécessaire de lui donner un médecin.

ARGAN. C'est pour moi que je lui donne ce médecin; et une fille de bon naturel doit être ravie d'épouser ce qui est utile à la santé de son père.

15 TOINETTE. Ma foi! Monsieur, voulez-vous qu'en amie je vous donne un conseil?

ARGAN. Quel est-il ce conseil?

TOINETTE. De ne point songer à ce mariage-là.

ARGAN. Hé la raison?

20 TOINETTE. La raison? C'est que votre fille n'y consentira point.

ARGAN. Elle n'y consentira point?

TOINETTE. Non.

ARGAN. Ma fille?

25 TOINETTE. Votre fille. Elle vous dira qu'elle n'a que faire de Monsieur Diafoirus, ni de son fils Thomas Diafoirus, ni de tous les Diafoirus du monde.

---

2 **mettez la main à la conscience:** Hand aufs Herz!
9 **voilà qui est fait:** so weit, so gut.
13 **ravi, e:** entzückt sein, hocherfreut sein.
25 f. **n'avoir que faire de qn:** kein Interesse an jdm. haben, jdn. entbehren können.

ARGAN. J'en ai affaire, moi, outre que le parti est plus
avantageux qu'on ne pense. Monsieur Diafoirus n'a
que ce fils-là pour tout héritier; et, de plus, Monsieur
Purgon, qui n'a ni femme, ni enfants, lui donne tout
5 son bien, en faveur de ce mariage; et Monsieur Purgon est un homme qui a huit mille bonnes livres de
rente.

TOINETTE. Il faut qu'il ait tué bien des gens, pour s'être
fait si riche.

10 ARGAN. Huit mille livres de rente sont quelque chose,
sans compter le bien du père.

TOINETTE. Monsieur, tout cela est bel et bon; mais j'en
reviens toujours là: je vous conseille, entre nous, de lui
choisir un autre mari, et elle n'est point faite pour être
15 Madame Diafoirus.

ARGAN. Et je veux, moi, que cela soit.

TOINETTE. Eh fi! ne dites pas cela.

ARGAN. Comment, que je ne dise pas cela?

TOINETTE. Hé non!

20 ARGAN. Et pourquoi ne le dirai-je pas?

TOINETTE. On dira que vous ne songez pas à ce que vous
dites.

ARGAN. On dira ce qu'on voudra; mais je vous dis que je
veux qu'elle exécute la parole que j'ai donnée.

25 TOINETTE. Non: je suis sûre qu'elle ne le fera pas.

ARGAN. Je l'y forcerai bien.

TOINETTE. Elle ne le fera pas, vous dis-je.

---

1 **avoir affaire de qn:** hier: jdn. brauchen.
  outre que: außerdem; ganz abgesehen davon.
3 **un héritier:** Erbe.
7 **la rente:** Jahreseinkommen.
24 **exécuter:** hier: einlösen, halten.

ARGAN. Elle le fera, ou je la mettrai dans un convent.

TOINETTE. Vous?

ARGAN. Moi.

TOINETTE. Bon.

5 ARGAN. Comment, «bon»?

TOINETTE. Vous ne la mettrez point dans un convent.

ARGAN. Je ne la mettrai point dans un convent?

TOINETTE. Non.

ARGAN. Non?

10 TOINETTE. Non.

ARGAN. Ouais! voici qui est plaisant: je ne mettrai pas ma
fille dans un convent, si je veux?

TOINETTE. Non, vous dis-je.

ARGAN. Qui m'en empêchera?

15 TOINETTE. Vous-même.

ARGAN. Moi?

TOINETTE. Oui, vous n'aurez pas ce cœur-là.

ARGAN. Je l'aurai.

TOINETTE. Vous vous moquez.

20 ARGAN. Je ne me moque point.

TOINETTE. La tendresse paternelle vous prendra.

ARGAN. Elle ne me prendra point.

TOINETTE. Une petite larme ou deux, des bras jetés au
cou, un «mon petit papa mignon», prononcé tendre-

25 ment, sera assez pour vous toucher.

ARGAN. Tout cela ne fera rien.

TOINETTE. Oui, oui.

---

1 **le convent** (= *couvent*): Kloster.
11 **Ouais!:** Potztausend! Himmeldonnerwetter!
   voici qui est plaisant: jetzt wird's lustig.
17 **ne pas avoir le cœur:** nicht übers Herz bringen, nicht fertigbringen.
21 **la tendresse paternelle:** Vaterliebe.
24 **mignon, ne:** (aller)liebst.

ARGAN. Je vous dis que je n'en démordrai point.

TOINETTE. Bagatelles.

ARGAN. Il ne faut point dire «bagatelles».

TOINETTE. Mon Dieu! je vous connais, vous êtes bon na-
5 turellement.

ARGAN *(avec emportement)*. Je ne suis point bon, et je
suis méchant quand je veux.

TOINETTE. Doucement, Monsieur: vous ne songez pas
que vous êtes malade.

10 ARGAN. Je lui commande absolument de se préparer à
prendre le mari que je dis.

TOINETTE. Et moi, je lui défends absolument d'en faire
rien.

ARGAN. Où est-ce donc que nous sommes? et quelle
15 audace est-ce là à une coquine de servante de parler de
la sorte devant son maître?

TOINETTE. Quand un maître ne songe pas à ce qu'il fait,
une servante bien sensée est en droit de le redresser.

ARGAN *(court après Toinette)*. Ah! insolente, il faut que je
20 t'assomme.

TOINETTE *(se sauve de lui)*. Il est de mon devoir de m'opposer aux choses qui vous peuvent déshonorer.

---

1 **ne point démordre de qc:** von etwas nicht abgehen, hart bleiben.

2 **bagatelles** *f.:* hier: Unsinn! Papperlapapp!

4 f. **naturellement** (adv.): hier: von Natur aus, von Charakter.

6 **avec emportement:** heftig, aufbrausend (*un emportement:* [Jäh-]
Zorn, Aufwallung).

15 **une audace:** Kühnheit; Unverschämtheit, Dreistigkeit.

18 **bien sensé, e:** vernünftig, klug.
redresser qn: jdn. zur Vernunft bringen, jdm. den Kopf zurechtrücken.

19 **insolent, e:** unverschämt, frech, dreist.

20 **assommer:** durchprügeln.

22 **déshonorer qn:** jdm. Schande machen.

ARGAN (*en colère, court après elle autour de sa chaise, son
  bâton à la main*). Viens, viens, que je t'apprenne à
  parler.

TOINETTE (*courant, et se sauvant du côté de la chaise où
5   n'est pas Argan*). Je m'intéresse, comme je dois, à ne
  vous point laisser faire de folie.

ARGAN. Chienne!

TOINETTE. Non, je ne consentirai jamais à ce mariage.

ARGAN. Pendarde!

10 TOINETTE. Je ne veux point qu'elle épouse votre Thomas
  Diafoirus.

ARGAN. Carogne!

TOINETTE. Et elle m'obéira plutôt qu'à vous.

ARGAN. Angélique, tu ne veux pas m'arrêter cette co-
15   quine-là?

ANGÉLIQUE. Eh! mon père, ne vous faites point malade.

ARGAN. Si tu ne me l'arrêtes, je te donnerai ma malédiction.

TOINETTE. Et moi, je la déshériterai, si elle vous obéit.

20 ARGAN (*se jette dans sa chaise, étant las de courir après
  elle*). Ah! ah! je n'en puis plus. Voilà pour me faire
  mourir.

9 **la pendarde:** Rabenaas, Scheusal.
17 f. **donner sa malédiction à qn:** jdn. verfluchen (*la malédiction:* Fluch).
19 **déshériter qn:** jdn. enterben.
20 **las, se de qc:** einer Sache müde, überdrüssig.
21 f. **Voilà pour me faire mourir:** Das bringt mich um! Das ist mein Tod!

Scène VI

Béline. Angélique. Toinette. Argan.

ARGAN. Ah! ma femme, approchez.

BÉLINE. Qu'avez-vous, mon pauvre mari?

5 ARGAN. Venez-vous-en ici à mon secours.

BÉLINE. Qu'est-ce que c'est donc qu'il y a, mon petit fils?

ARGAN. Mamie.

BÉLINE. Mon ami.

ARGAN. On vient de me mettre en colère!

10 BÉLINE. Hélas! pauvre petit mari. Comment donc, mon
ami?

ARGAN. Votre coquine de Toinette est devenue plus insolente que jamais.

BÉLINE. Ne vous passionnez donc point.

15 ARGAN. Elle m'a fait enrager, mamie.

BÉLINE. Doucement, mon fils.

ARGAN. Elle a contrecarré, une heure durant, les choses
que je veux faire.

BÉLINE. Là, là, tout doux.

20 ARGAN. Et a eu l'effronterie de me dire que je ne suis
point malade.

BÉLINE. C'est une impertinente.

ARGAN. Vous savez, mon cœur, ce qui en est.

---

5 **s'en venir:** *venir.*

7 **mamie:** Liebling, Herzchen (Zusammenziehung von *ma amie*).

14 **se passionner:** hier: sich aufregen.

16 **doucement** (adv.): hier: nur ruhig.

17 **contrecarrer qc:** sich einer Sache widersetzen, sich gegen etwas
stellen.

20 **une effronterie:** Frechheit, Unverschämtheit.

22 **une impertinente:** unverschämtes Frauenzimmer (*impertinent, e:*
frech, unverschämt).

23 **ce qui en est:** wie die Dinge stehen.

BÉLINE. Oui, mon cœur, elle a tort.

ARGAN. Mamour, cette coquine-là me fera mourir.

BÉLINE. Eh là, eh là!

ARGAN. Elle est cause de toute la bile que je fais.

5　BÉLINE. Ne vous fâchez point tant.

ARGAN. Et il y a je ne sais combien que je vous dis de me la chasser.

BÉLINE. Mon Dieu! mon fils, il n'y a point de serviteurs et de servantes qui n'aient leurs défauts. On est contraint
10　parfois de souffrir leurs mauvaises qualités à cause des bonnes. Celle-ci est adroite, soigneuse, diligente, et surtout fidèle, et vous savez qu'il faut maintenant de grandes précautions pour les gens que l'on prend. Ho-là! Toinette.

15　TOINETTE. Madame.

BÉLINE. Pourquoi donc est-ce que vous mettez mon mari en colère?

TOINETTE (*d'un ton doucereux*). Moi, Madame, hélas! Je ne sais pas ce que vous me voulez dire, et je ne songe
20　qu'à complaire à Monsieur en toutes choses.

ARGAN. Ah! la traîtresse!

TOINETTE. Il nous a dit qu'il voulait donner sa fille en mariage au fils de Monsieur Diafoirus; je lui ai répondu que je trouvais le parti avantageux pour elle; mais
25　que je croyais qu'il ferait mieux de la mettre dans un convent.

2　**mamour:** Zusammenziehung von *ma amour*.

5　**se fâcher:** sich ärgern, sich aufregen.

6　**combien:** *combien de fois*.

9f.　**contraint, e de faire qc:** gezwungen, etwas zu tun.

11　**soigneux, se:** sorgfältig.

　　diligent, e: fleißig.

18　**doucereux, se:** katzenfreundlich, überfreundlich.

20　**complaire à qn:** jdn. zufriedenstellen, jdm. gefällig sein.

BÉLINE. Il n'y a pas grand mal à cela, et je trouve qu'elle a raison.

ARGAN. Ah! mamour, vous la croyez. C'est une scélérate: elle m'a dit cent insolences.

5 BÉLINE. Hé bien! je vous crois, mon ami. Là, remettez-vous. Écoutez Toinette, si vous fâchez jamais mon mari, je vous mettrai dehors. Çà, donnez-moi son manteau fourré et des oreillers, que je l'accommode dans sa chaise. Vous voilà je ne sais comment. Enfon-cez bien votre bonnet jusque sur vos oreilles: il n'y a rien qui enrhume tant que de prendre l'air par les oreilles.

ARGAN. Ah! mamie, que je vous suis obligé de tous les soins que vous prenez de moi!

15 BÉLINE *(accommodant les oreillers qu'elle met autour d'Argan)*. Levez-vous, que je mette ceci sous vous. Mettons celui-ci pour vous appuyer, et celui-là de l'au-tre côté. Mettons celui-ci derrière votre dos, et cet autre-là pour soutenir votre tête.

20 TOINETTE *(lui mettant rudement un oreiller sur la tête, et puis fuyant)*. Et celui-ci pour vous garder du se-rein.

---

3 **la scélérate:** niederträchtige Person, gemeines Luder.
4 **une insolence:** Unverschämtheit, Gemeinheit.
5 f. **se remettre:** sich fassen, sich beruhigen.
8 **le manteau fourré:** pelzgefütterter Mantel, Pelzrock.
   accommoder qn: es jdm. bequem machen.
9 f. **enfoncer:** hier: herunterziehen.
10 **le bonnet:** (Nacht-)Mütze, Haube.
11 **enrhumer:** eine Erkältung verursachen.
   prendre l'air: hier: Zug bekommen, sich verkühlen.
15 **accommoder qc:** etwas in Ordnung bringen; hier: etwas aufschütteln, zurechtklopfen.
21 f. **le serein:** Abendtau, Abendkühle.

ARGAN *(se lève en colère, et jette tous les oreillers à Toinette)*. Ah! coquine, tu veux m'étouffer.

BÉLINE. Eh là, eh là! Qu'est-ce que c'est donc?

ARGAN *(tout essoufflé, se jette dans sa chaise)*. Ah, ah, ah!
5   je n'en puis plus.

BÉLINE. Pourquoi vous emporter ainsi? Elle a cru faire
   bien.

ARGAN. Vous ne connaissez pas, mamour, la malice de la
   pendarde. Ah! elle m'a mis tout hors de moi; et il
10   faudra plus de huit médecines, et de douze lavements,
   pour réparer tout ceci.

BÉLINE. Là, là, mon petit ami, apaisez-vous un peu.

ARGAN. Mamie, vous êtes toute ma consolation.

BÉLINE. Pauvre petit fils.

15 ARGAN. Pour tâcher de reconnaître l'amour que vous me
   portez, je veux, mon cœur, comme je vous ai dit, faire
   mon testament.

BÉLINE. Ah! mon ami, ne parlons point de cela, je vous
   prie, je ne saurais souffrir cette pensée; et le seul mot
20   de testament me fait tressaillir de douleur.

ARGAN. Je vous avais dit de parler pour cela à votre notaire.

BÉLINE. Le voilà là-dedans, que j'ai amené avec moi.

ARGAN. Faites-le donc entrer, mamour.

25 BÉLINE. Hélas! mon ami, quand on aime bien un mari, on
   n'est guère en état de songer à tout cela.

---

4 **essoufflé, e:** außer Atem.
8 **la malice:** Bösartigkeit, Boshaftigkeit.
12 **s'apaiser:** sich beruhigen, sich fassen.
15 **reconnaître:** hier: vergelten, (be)lohnen.
20 **tressaillir:** schaudern, erzittern.

Scène VII

Le Notaire. Béline. Argan.

ARGAN. Approchez, Monsieur de Bonnefoy, approchez.
Prenez un siège, s'il vous plaît. Ma femme m'a dit,
Monsieur, que vous étiez fort honnête homme, et tout
à fait de ses amis; et je l'ai chargée de vous parler pour
un testament que je veux faire.

BÉLINE. Hélas! je ne suis point capable de parler de ces
choses-là.

LE NOTAIRE. Elle m'a, Monsieur, expliqué vos intentions,
et le dessein où vous êtes pour elle; et j'ai à vous dire
là-dessus que vous ne sauriez rien donner à votre
femme par votre testament.

ARGAN. Mais pourquoi?

LE NOTAIRE. La Coutume y résiste. Si vous étiez en pays
de droit écrit, cela se pourrait faire; mais, à Paris, et
dans les pays coutumiers, au moins dans la plupart,
c'est ce qui ne se peut, et la disposition serait nulle.
Tout l'avantage qu'homme et femme conjoints par
mariage se peuvent faire l'un à l'autre, c'est un don
mutuel entre vifs; encore faut-il qu'il n'y ait enfants,
soit des deux conjoints, ou de l'un d'eux, lors du décès
du premier mourant.

---

5 f. **être des amis de qn:** mit jdm. befreundet sein, jds. Freund sein.
15 **la Coutume:** Gewohnheitsrecht (mündlich überliefertes germanisches Recht, das im Norden Frankreichs galt).
15 f. **le pays de droit écrit:** Gebiet südlich der Loire, in dem das geschriebene, römische Recht galt.
17 **les pays coutumiers:** hier: Landesteile mit Gewohnheitsrecht.
19 f. **conjoint, e par mariage:** ehelich verbunden.
20 f. **le don entre vifs:** Schenkung zu Lebzeiten.
22 **les conjoints** *m.:* Eheleute, Ehegatten.
  le décès: Ableben, Tod.

ARGAN. Voilà une Coutume bien impertinente, qu'un
mari ne puisse rien laisser à une femme dont il est aimé
tendrement, et qui prend de lui tant de soin. J'aurais
envie de consulter mon avocat, pour voir comment je
5   pourrais faire.

LE NOTAIRE. Ce n'est point à des avocats qu'il faut aller,
car ils sont d'ordinaire sévères là-dessus, et s'ima-
ginent que c'est un grand crime que de disposer en
fraude de la loi. Ce sont gens de difficultés, et qui sont
10   ignorants des détours de la conscience. Il y a d'autres
personnes à consulter, qui sont bien plus accommo-
dantes, qui ont des expédients pour passer doucement
par-dessus la loi, et rendre juste ce qui n'est pas permis; qui savent aplanir les difficultés d'une affaire, et
15   trouver des moyens d'éluder la Coutume par quelque
avantage indirect. Sans cela, où en serions-nous tous
les jours? Il faut de la facilité dans les choses; autre-
ment nous ne ferions rien, et je ne donnerais pas un
sou de notre métier.

20   ARGAN. Ma femme m'avait bien dit, Monsieur, que vous
étiez fort habile, et fort honnête homme. Comment
puis-je faire, s'il vous plaît, pour lui donner mon bien,
et en frustrer mes enfants?

---

8   **disposer:** hier: sein Testament machen.

8f. **en fraude de la loi:** unter Umgehung des Gesetzes, gesetzeswidrig
(*la fraude:* Betrug, Täuschung).

10   **le détour:** Umweg, Schleichweg, Winkelzug.

11f. **accommodant, e:** gefällig, entgegenkommend, willfährig.

12   **les expédients** *m.:* Mittel und Wege.

14   **aplanir** qc: etwas ebnen; hier (fig.): etwas aus dem Weg räumen.

15   **éluder:** (ein Gesetz) umgehen.

16   **un avantage:** hier: Zuteilung, Vermächtnis.

17   **la facilité:** hier: Geschicklichkeit.

18f. **ne pas donner un sou de** qc: keinen Pfifferling auf etwas geben.

23   **frustrer** qn de qc: jdm. etwas vorenthalten, jdn. um etwas bringen.

LE NOTAIRE. Comment vous pouvez faire? Vous pouvez choisir doucement un ami intime de votre femme, auquel vous donnerez en bonne forme par votre testament tout ce que vous pouvez, et cet ami ensuite lui rendra tout. Vous pouvez encore contracter un grand nombre d'obligations, non suspectes, au profit de divers créanciers, qui prêteront leur nom à votre femme, et entre les mains de laquelle ils mettront leur déclaration que ce qu'ils en ont fait n'a été que pour lui faire plaisir. Vous pouvez aussi, pendant que vous êtes en vie, mettre entre ses mains de l'argent comptant, ou des billets que vous pourrez avoir, payables au porteur.

BÉLINE. Mon Dieu! il ne faut point vous tourmenter de tout cela. S'il vient faute de vous, mon fils, je ne veux plus rester au monde.

ARGAN. Mamie.

BÉLINE. Oui, mon ami, si je suis assez malheureuse pour vous perdre . . .

ARGAN. Ma chère femme!

---

2 **doucement** (adv.): hier: insgeheim, in aller Stille, ohne viel Aufhebens.

3 **en bonne forme:** in aller Form, formell.

5 f. **contracter une obligation:** einen Schuldschein unterschreiben, einen Wechsel ausstellen.

6 **suspect, e:** verdächtig.
  au profit de qn: zu jds. Gunsten, auf jds. Namen.

7 **le créancier:** Gläubiger.
  prêter son nom à qn: jdn. vertreten, an jds. Stelle treten.

11 **un argent comptant:** Bargeld.

12 f. **le billet payable au porteur:** an den Inhaber, Überbringer auszuzahlender Schuldschein.

14 **se tourmenter de qc:** sich mit etwas herumplagen, sich um etwas sorgen.

15 **s'il vient faute de vous:** wenn Ihr nicht mehr (da) seid.

BÉLINE. La vie ne me sera plus de rien.

ARGAN. Mamour!

BÉLINE. Et je suivrai vos pas, pour vous faire connaître la tendresse que j'ai pour vous.

5 ARGAN. Mamie, vous me fendez le cœur. Consolez-vous, je vous en prie.

LE NOTAIRE. Ces larmes sont hors de saison, et les choses n'en sont point encore là.

BÉLINE. Ah! Monsieur, vous ne savez pas ce que c'est
10 qu'un mari qu'on aime tendrement.

ARGAN. Tout le regret que j'aurai, si je meurs, mamie, c'est de n'avoir point un enfant de vous. Monsieur Purgon m'avait dit qu'il m'en ferait faire un.

LE NOTAIRE. Cela pourra venir encore.

15 ARGAN. Il faut faire mon testament, mamour, de la façon que Monsieur dit; mais, par précaution, je veux vous mettre entre les mains vingt mille francs en or, que j'ai dans le lambris de mon alcôve, et deux billets payables au porteur, qui me sont dus, l'un par Monsieur Da-
20 mon, et l'autre par Monsieur Gérante.

BÉLINE. Non, non, je ne veux point de tout cela. Ah! combien dites-vous qu'il y a dans votre alcôve?

ARGAN. Vingt mille francs, mamour.

BÉLINE: Ne me parlez point de bien, je vous prie. Ah! de
25 combien sont les deux billets?

ARGAN. Ils sont, mamie, l'un de quatre mille francs, et l'autre de six.

---

3 **suivre les pas de qn:** jdm. (nach)folgen.
5 **fendre le cœur à qn:** jdm. das Herz brechen.
7 **hors de saison:** nicht angebracht, unbegründet.
18 **le lambris:** Wandtäfelung, Wandverkleidung.
   un alcôve: Bettnische.
19 **être dû, ue à qn:** jdm. zustehen, geschuldet werden.

Acte Ier, Scène VIII
BÉLINE. Tous les biens du monde, mon ami, ne me sont rien au prix de vous.

LE NOTAIRE. Voulez-vous que nous procédions au testament?

ARGAN. Oui, Monsieur; mais nous serons mieux dans mon petit cabinet. Mamour, conduisez-moi, je vous prie.

BÉLINE. Allons, mon pauvre petit fils.

Scène VIII

Angélique. Toinette.

TOINETTE. Les voilà avec un notaire, et j'ai ouï parler de testament. Votre belle-mère ne s'endort point, et c'est sans doute quelque conspiration contre vos intérêts où elle pousse votre père.

ANGÉLIQUE. Qu'il dispose de son bien à sa fantaisie, pourvu qu'il ne dispose point de mon cœur. Tu vois, Toinette, les desseins violents que l'on fait sur lui. Ne m'abandonne point, je te prie, dans l'extrémité où je suis.

TOINETTE. Moi, vous abandonner? j'aimerais mieux mourir. Votre belle-mère a beau me faire sa confidente, et

---

2 **au prix de vous:** um den Preis Eures Lebens.
3 **procéder à qc:** zu etwas kommen, mit etwas beginnen.
6 **le cabinet:** Arbeitszimmer.
12 **ne pas s'endormir:** hier: keine Ruhe geben, nicht ruhen.
13 **la conspiration:** Verschwörung, Komplott.
15 **la fantaisie:** hier: Wunsch, Gutdünken.
16 **pourvu que:** vorausgesetzt, daß; wenn nur.
18 **une extrémité:** (äußerste) Not.
21 **la confidente:** Vertraute.

me vouloir jeter dans ses intérêts, je n'ai jamais pu
avoir d'inclination pour elle, et j'ai toujours été de
votre parti. Laissez-moi faire: j'emploierai toute chose
pour vous servir; mais pour vous servir avec plus d'ef-
5   fet, je veux changer de batterie, couvrir le zèle que j'ai
pour vous, et feindre d'entrer dans les sentiments de
votre père et de votre belle-mère.

ANGÉLIQUE. Tâche, je t'en conjure, de faire donner avis à
Cléante du mariage qu'on a conclu.

10   TOINETTE. Je n'ai personne à employer à cet office, que le
vieux usurier Polichinelle, mon amant, et il m'en coûtera pour cela quelques paroles de douceur, que je
veux bien dépenser pour vous. Pour aujourd'hui il est
trop tard; mais demain, du grand matin, je l'envoierai
15   querir, et il sera ravi de ...

BÉLINE. Toinette.

TOINETTE. Voilà qu'on m'appelle. Bonsoir. Reposez-
vous sur moi.

---

1 **jeter qn dans qc:** jdn. in etwas hineinziehen, für etwas einspannen.
5 **changer de batterie** (*f.*): das Vorgehen, die Strategie ändern.
  le zèle: Eifer, Ergebenheit.
6 **les sentiments** *m.:* hier: Gesinnung, Meinung.
8 **conjurer qn:** jdn. beschwören, anflehen.
  donner avis à qn: jdn. benachrichtigen (*un avis:* Nachricht, Mittei-
  lung).
10 **un office:** Dienst, Auftrag.
11 **un usurier:** Wucherer.
  un amant: Liebhaber; hier: Verehrer.
13 **dépenser qc:** hier: etwas einsetzen, aufwenden.
14 **du grand matin:** frühmorgens, in aller Frühe.
14f. **envoyer quérir qn:** nach jdm. schicken, jdn. herbitten.
17f. **se reposer sur qn:** hier: sich auf jdn. verlassen.

Acte II

Scène première

Toinette. Cléante.

TOINETTE. Que demandez-vous, Monsieur?

CLÉANTE. Ce que je demande?

TOINETTE. Ah, ah, c'est vous? Quelle surprise! Que venez-vous faire céans?

CLÉANTE. Savoir ma destinée, parler à l'aimable Angélique, consulter les sentiments de son cœur, et lui demander ses résolutions sur ce mariage fatal dont on m'a averti.

TOINETTE. Oui, mais on ne parle pas comme cela de but en blanc à Angélique: il y faut des mystères, et l'on vous a dit l'étroite garde où elle est retenue, qu'on ne la laisse ni sortir, ni parler à personne, et que ce ne fut que la curiosité d'une vieille tante qui nous fit accorder la liberté d'aller à cette comédie qui donna lieu à la naissance de votre passion; et nous nous sommes bien gardées de parler de cette aventure.

CLÉANTE. Aussi ne viens-je pas ici comme Cléante et sous l'apparence de son amant, mais comme ami de son

---

7 **céans** (adv.): hier (drin).

9 **consulter:** hier: erforschen.

10 **fatal, e:** verhängnisvoll, entsetzlich, unglückselig.

12f. **de but en blanc:** unvermittelt, ohne weiteres.

13 **il y faut des mystères:** das muß heimlich geschehen.

17 **donner lieu à qc:** etwas ermöglichen, herbeiführen, Anlaß für etwas sein.

20f. **sous l'apparence de:** als, in der Rolle von.

maître de musique, dont j'ai obtenu le pouvoir de dire
qu'il m'envoie à sa place.

TOINETTE. Voici son père. Retirez-vous un peu, et me
laissez lui dire que vous êtes là.

5 Scène II

Argan. Toinette. Cléante.

ARGAN. Monsieur Purgon m'a dit de me promener le
matin dans ma chambre, douze allées, et douze ve-
nues; mais j'ai oublié à lui demander si c'est en long,
10 ou en large.

TOINETTE. Monsieur, voilà un . . .

ARGAN. Parle bas, pendarde: tu viens m'ébranler tout le
cerveau, et tu ne songes pas qu'il ne faut point parler si
haut à des malades.

15 TOINETTE. Je voulais vous dire, Monsieur . . .

ARGAN. Parle bas, te dis-je.

TOINETTE. Monsieur . . . *(Elle fait semblant de parler.)*

ARGAN. Eh?

TOINETTE. Je vous dis que . . . *(Elle fait semblant de*
20 *parler.)*

ARGAN. Qu'est-ce que tu dis?

TOINETTE *(haut).* Je dis que voilà un homme qui veut
parler à vous.

ARGAN. Qu'il vienne.

25 *(Toinette fait signe à Cléante d'avancer.)*

CLÉANTE. Monsieur . . .

---

1 **le pouvoir:** hier: Erlaubnis, Vollmacht.
12 **ébranler:** erschüttern.

TOINETTE *(raillant)*. Ne parlez pas si haut, de peur
d'ébranler le cerveau de Monsieur.

CLÉANTE. Monsieur, je suis ravi de vous trouver debout et
de voir que vous vous portez mieux.

5 TOINETTE *(feignant d'être en colère)*. Comment «qu'il se
porte mieux»? Cela est faux: Monsieur se porte toujours mal.

CLÉANTE. J'ai ouï dire que Monsieur était mieux, et je lui
trouve bon visage.

10 TOINETTE. Que voulez-vous dire avec votre bon visage?
Monsieur l'a fort mauvais, et ce sont des impertinents
qui vous ont dit qu'il était mieux. Il ne s'est jamais si
mal porté.

ARGAN. Elle a raison.

15 TOINETTE. Il marche, dort, mange, et boit tout comme les
autres; mais cela n'empêche pas qu'il ne soit fort malade.

ARGAN. Cela est vrai.

CLÉANTE. Monsieur, j'en suis au désespoir. Je viens de la
20 part du maître à chanter de Mademoiselle votre fille. Il
s'est vu obligé d'aller à la campagne pour quelques
jours; et comme son ami intime, il m'envoie à sa place,
pour lui continuer ses leçons, de peur qu'en les interrompant elle ne vînt à oublier ce qu'elle sait déjà.

25 ARGAN. Fort bien. Appelez Angélique.

TOINETTE. Je crois, Monsieur, qu'il sera mieux de mener
Monsieur à sa chambre.

ARGAN. Non; faites-la venir.

---

1 f. **de peur de faire qc:** damit man etwas (nur ja) nicht tut, man könnte
sonst etwas tun.

9 **trouver bon visage à qn:** finden, daß jd. wohl, gesund aussieht.

19 **être au désespoir:** untröstlich sein (*le désespoir:* Verzweiflung).

TOINETTE. Il ne pourra lui donner leçon comme il faut,
s'ils ne sont en particulier.

ARGAN. Si fait, si fait.

TOINETTE. Monsieur, cela ne fera que vous étourdir, et il
5   ne faut rien pour vous émouvoir en l'état où vous êtes,
et vous ébranler le cerveau.

ARGAN. Point, point: j'aime la musique, et je serai bien
aise de . . . Ah! la voici. Allez-vous-en voir, vous, si ma
femme est habillée.

10   ## Scène III

Argan. Angélique. Cléante.

ARGAN. Venez, ma fille: votre maître de musique est allé
aux champs, et voilà une personne qu'il envoie à sa
place pour vous montrer.

15   ANGÉLIQUE. Ah, Ciel!

ARGAN. Qu'est-ce? d'où vient cette surprise?

ANGÉLIQUE. C'est . . .

ARGAN. Quoi? qui vous émeut de la sorte?

ANGÉLIQUE. C'est, mon père, une aventure surprenante
20   qui se rencontre ici.

ARGAN. Comment?

ANGÉLIQUE. J'ai songé cette nuit que j'étais dans le plus

---

2 **en particulier:** hier: für sich, allein.
3 **si fait:** aber doch.
4 **étourdir qn:** jds. Nerven belasten.
12f. **aller aux champs:** hier: aufs Land fahren.
14 **montrer qn:** hier: jdn. unterrichten.
20 **se rencontrer:** hier: sich ereignen, zutragen.
22 **songer:** hier: träumen.

grand embarras du monde, et qu'une personne faite
tout comme Monsieur s'est présentée à moi, à qui j'ai
demandé secours, et qui m'est venue tirer de la peine
où j'étais; et ma surprise a été grande de voir inopiné-
ment, en arrivant ici, ce que j'ai eu dans l'idée toute la
nuit.

CLÉANTE. Ce n'est pas être malheureux que d'occuper
votre pensée, soit en dormant, soit en veillant, et mon
bonheur serait grand sans doute si vous étiez dans
quelque peine dont vous me jugeassiez digne de vous
tirer; et il n'y a rien que je ne fisse pour . . .

Scène IV

Toinette. Cléante. Angélique. Argan.

TOINETTE *(par dérision)*. Ma foi, Monsieur, je suis pour
vous maintenant, et je me dédis de tout ce que je disais
hier. Voici Monsieur Diafoirus le père, et Monsieur
Diafoirus le fils, qui viennent vous rendre visite. Que
vous serez bien engendré! Vous allez voir le garçon le
mieux fait du monde, et le plus spirituel. Il n'a dit que
deux mots, qui m'ont ravie, et votre fille va être char-
mée de lui.

ARGAN *(à Cléante, qui feint de vouloir s'en aller)*. Ne vous

---

1 **un embarras:** unglückliche Lage, unangenehme Situation, Schwierig-
keit.
5 **avoir qc dans l'idée:** an etwas denken, etwas im Sinn haben.
14 **par dérision:** spöttisch, höhnisch *(la dérision:* Spott, Verhöhnung).
15 **se dédire de qc:** etwas widerrufen, etwas zurücknehmen.
18 **être bien engendré, e:** hier: einen guten Schwiegersohn bekommen.
19 **spirituel, le:** geistreich.
20f. **charmé, e de qn:** von jdm entzückt, begeistert.

en allez point, Monsieur. C'est que je marie ma fille; et
voilà qu'on lui amène son prétendu mari, qu'elle n'a
point encore vu.

CLÉANTE. C'est m'honorer beaucoup, Monsieur, de vou-
5   loir que je sois témoin d'une entrevue si agréable.

ARGAN. C'est le fils d'un habile médecin, et le mariage se
fera dans quatre jours.

CLÉANTE. Fort bien.

ARGAN. Mandez-le un peu à son maître de musique, afin
10   qu'il se trouve à la noce.

CLÉANTE. Je n'y manquerai pas.

ARGAN. Je vous y prie aussi.

CLÉANTE. Vous me faites beaucoup d'honneur.

TOINETTE. Allons, qu'on se range, les voici.

15   Scène V

*Monsieur Diafoirus. Thomas Diafoirus. Argan. Angé-
lique. Cléante. Toinette.*

ARGAN *(mettant la main à son bonnet sans l'ôter)*. Monsieur Purgon, Monsieur, m'a défendu de découvrir
20   ma tête. Vous êtes du métier, vous savez les consé-
quences.

MONSIEUR DIAFOIRUS. Nous sommes dans toutes nos

---

5 **une entrevue:** Begegnung, Zusammenkunft, Zusammentreffen.
9 **mander qc à qn:** jdm. etwas mitteilen, jdn. von etwas benachrichtigen.
10 **la noce:** Hochzeit(sfeier).
12 **prier qn:** hier: jdn. einladen.
14 **se ranger:** sich aufstellen; beiseite treten; sich bereithalten.
19 **découvrir qc:** hier: etwas entblößen.

visites pour porter secours aux malades, et non pour
leur porter de l'incommodité.

ARGAN. Je reçois, Monsieur . . .

5 *(Ils parlent tous deux en même temps, s'interrompent et
confondent.)*

MONSIEUR DIAFOIRUS. Nous venons ici, Monsieur . . .

ARGAN. Avec beaucoup de joie . . .

MONSIEUR DIAFOIRUS. Mon fils Thomas, et moi . . .

ARGAN. L'honneur que vous me faites . . .

10 MONSIEUR DIAFOIRUS. Vous témoigner, Monsieur . . .

ARGAN. Et j'aurais souhaité . . .

MONSIEUR DIAFOIRUS. Le ravissement où nous sommes . . .

ARGAN. De pouvoir aller chez vous . . .

MONSIEUR DIAFOIRUS. De la grâce que vous nous faites . . .

15 ARGAN. Pour vous en assurer . . .

MONSIEUR DIAFOIRUS. De vouloir bien nous recevoir . . .

ARGAN. Mais vous savez, Monsieur . . .

MONSIEUR DIAFOIRUS. Dans l'honneur, Monsieur . . .

ARGAN. Ce que c'est qu'un pauvre malade . . .

20 MONSIEUR DIAFOIRUS. De votre alliance . . .

ARGAN. Qui ne peut faire autre chose . . .

MONSIEUR DIAFOIRUS. Et vous assurer . . .

ARGAN. Que de vous dire ici . . .

MONSIEUR DIAFOIRUS. Que dans les choses qui dépendront

25 de notre métier . . .

ARGAN. Qu'il cherchera toutes les occasions . . .

MONSIEUR DIAFOIRUS. De même qu'en toute autre . . .

---

2 **une incommodité:** Unpäßlichkeit; Ungelegenheit.

5 **se confondre:** sich (gegenseitig) durcheinanderbringen, aus dem Konzept bringen.

12 **le ravissement:** Entzücken.

20 **une alliance:** Verwandtschaft.

24 f. **dépendre de qc:** hier: etwas betreffen, mit etwas zusammenhängen.

ARGAN. De vous faire connaître, Monsieur . . .

MONSIEUR DIAFOIRUS. Nous serons toujours prêts, Monsieur . . .

ARGAN. Qu'il est tout à votre service . . .

5   MONSIEUR DIAFOIRUS. À vous témoigner notre zèle. *(Il se retourne vers son fils et lui dit.)* Allons, Thomas, avancez. Faites vos compliments.

THOMAS DIAFOIRUS *(est un grand benêt, nouvellement sorti des Écoles, qui fait toutes choses de mauvaise grâce et à*
10   *contretemps).* N'est-ce pas par le père qu'il convient commencer?

MONSIEUR DIAFOIRUS. Oui.

THOMAS DIAFOIRUS. Monsieur, je viens saluer, reconnaître, chérir, et révérer en vous un second père; mais un
15   second père auquel j'ose dire que je me trouve plus redevable qu'au premier. Le premier m'a engendré; mais vous m'avez choisi. Il m'a reçu par nécessité; mais vous m'avez accepté par grâce. Ce que je tiens de lui est un ouvrage de son corps; mais ce que je tiens de
20   vous est un ouvrage de votre volonté; et d'autant plus que les facultés spirituelles sont au-dessus des corpo-

---

7 **faire ses compliments à qn:** jdn. (höflich) begrüßen.
8 **le benêt:** Einfaltspinsel, Dummkopf.
9 **les Écoles:** Hochschule, Universität
   de mauvaise grâce: ungeschickt, linkisch, unelegant.
9f. **à contretemps:** zur Unzeit, im unpassenden Moment.
10 **il convient:** es geziemt sich, schickt sich.
14 **chérir qn:** jdn. (zärtlich) lieben.
   révérer qn: jdn. verehren.
16 **redevable:** zu Dank verpflichtet.
   engendrer: zeugen.
18 **la grâce:** hier: Güte.
21 **la faculté:** Fähigkeit, Vermögen.
   spirituel, le: geistig.
21f. **corporel, le:** körperlich, leiblich.

relles, d'autant plus je vous dois, et d'autant plus je
tiens précieuse cette future filiation, dont je viens aujourd'hui vous rendre par avance les très humbles et
très respectueux hommages.

5 TOINETTE. Vivent les collèges, d'où l'on sort si habile
homme!

THOMAS DIAFOIRUS. Cela a-t-il bien été, mon père?

MONSIEUR DIAFOIRUS. *Optime.*

ARGAN *(à Angélique)*. Allons, saluez Monsieur.

10 THOMAS DIAFOIRUS. Baiserai-je?

MONSIEUR DIAFOIRUS. Oui, oui.

THOMAS DIAFOIRUS *(à Angélique)*. Madame, c'est avec
justice que le Ciel vous a concédé le nom de belle-
mère, puisque l'on …

15 ARGAN. Ce n'est pas ma femme, c'est ma fille à qui vous
parlez.

THOMAS DIAFOIRUS. Où donc est-elle?

ARGAN. Elle va venir.

THOMAS DIAFOIRUS. Attendrai-je, mon père, qu'elle soit
20 venue?

MONSIEUR DIAFOIRUS. Faites toujours le compliment de
Mademoiselle.

THOMAS DIAFOIRUS. Mademoiselle, ne plus ne moins que
la statue de Memnon rendait un son harmonieux, lors-

---

2 **la filiation:** Abstammung; hier: (verwandtschaftliche) Verbindung.
3 **humble:** ergeben, demütig, untertänig.
4 **un hommage:** Verehrung, Huldigung.
5 **le collège:** hier: Universität, Hochschule.
8 **optime** (lat.): bestens, vorzüglich.
10 **Baiserai-je?:** hier: Soll ich (sie) küssen?
13 **concéder qc à qn:** jdm. etwas verleihen, zusprechen.
23 **ne plus ne moins:** *ni plus ni moins.*
24 **la statue de Memnon:** das Standbild des Memnon bei Theben, das bei
Sonnenaufgang melodische Töne von sich gegeben haben soll.

qu'elle venait à être éclairée des rayons du soleil: tout
de même me sens-je animé d'un doux transport à l'ap-
parition du soleil de vos beautés. Et comme les natura-
listes remarquent que la fleur nommée héliotrope
5   tourne sans cesse vers cet astre du jour, aussi mon
cœur dores-en-avant tournera-t-il toujours vers les as-
tres resplendissants de vos yeux adorables, ainsi que
vers son pôle unique. Souffrez donc, Mademoiselle,
que j'appende aujourd'hui à l'autel de vos charmes
10   l'offrande de ce cœur, qui ne respire et n'ambitionne
autre gloire, que d'être toute sa vie, Mademoiselle,
votre très humble, très obéissant, et très fidèle serviteur et mari.

TOINETTE *(en le raillant).* Voilà ce que c'est que d'étudier,
15   on apprend à dire de belles choses.

ARGAN. Eh! que dites-vous de cela?

CLÉANTE. Que Monsieur fait merveilles, et que s'il est

---

1 f. **tout de même:** hier: ganz genauso, in derselben Weise.

2 **le transport:** (Gefühls-)Regung, Erregung; Verzückung.

3 f. **le naturaliste:** hier: Naturforscher.

4 **un héliotrope:** Heliotrop (Pflanze, die sich immer der Sonne zu-
wendet).

5 **l'astre du jour:** Tagesgestirn; Sonne (*un astre:* Stern, Gestirn).

6 **dores-en-avant** (= *dorénavant*): von nun an, künftig.

7 **resplendissant, e:** glänzend, strahlend.
adorable: wundervoll, anbetungswürdig.
ainsi que: hier: (so, als) wie.

8 **souffrir qc:** hier: etwas erlauben, gestatten.

9 **appendre:** aufhängen; hier: darbringen.
un autel: Altar.

10 **une offrande:** Opfergabe.
respirer qc: hier: sich nach etwas sehnen, nach etwas streben.
ambitionner qc: sich etwas sehnlichst wünschen, etwas heiß ersehnen.

17 **faire merveilles:** seine Sache wundervoll, außerordentlich gut machen.

aussi bon médecin qu'il est bon orateur, il y aura plaisir
à être de ses malades.

TOINETTE. Assurément. Ce sera quelque chose d'admirable s'il fait d'aussi belles cures qu'il fait de beaux dis-
5 cours.

ARGAN. Allons vite ma chaise, et des sièges à tout le
monde. Mettez-vous là, ma fille. Vous voyez, Monsieur, que tout le monde admire Monsieur votre fils, et
je vous trouve bien heureux de vous voir un garçon
10 comme cela.

MONSIEUR DIAFOIRUS. Monsieur, ce n'est pas parce que je
suis son père, mais je puis dire que j'ai sujet d'être
content de lui, et que tous ceux qui le voient en parlent
comme d'un garçon qui n'a point de méchanceté. Il n'a
15 jamais eu l'imagination bien vive, ni ce feu d'esprit
qu'on remarque dans quelques-uns; mais c'est par-là
que j'ai toujours bien auguré de sa judiciaire, qualité
requise pour l'exercice de notre art. Lorsqu'il était
petit, il n'a jamais été ce qu'on appelle mièvre et
20 éveillé. On le voyait toujours doux, paisible, et taciturne, ne disant jamais mot, et ne jouant jamais à tous
ces petits jeux que l'on nomme enfantins. On eut

---

1 **un orateur:** Redner.
4 **la cure:** medizinische Behandlung.
9f. **de vous voir un garçon comme cela:** *de voir que vous avez un garçon comme cela.*
15 **le feu d'esprit:** lebhafter, sprühender Geist.
17 **bien augurer de qc:** sich von etwas viel versprechen.
  la judiciaire: Urteilsvermögen, Beurteilungsvermögen.
18 **requérir:** erfordern.
19 **mièvre:** schlau, gewitzt.
20 **éveillé, e:** aufgeweckt.
20f. **taciturne:** schweigsam, wortkarg.
22 **enfantin, e:** kindlich, Kinder-.

toutes les peines du monde à lui apprendre à lire, et il
avait neuf ans, qu'il ne connaissait pas encore ses lettres. «Bon, disais-je en moi-même, les arbres tardifs
sont ceux qui portent les meilleurs fruits; on grave sur
5 le marbre bien plus malaisément que sur le sable; mais
les choses y sont conservées bien plus longtemps, et
cette lenteur à comprendre, cette pesanteur d'imagination, est la marque d'un bon jugement à venir.»
Lorsque je l'envoyai au collège, il trouva de la peine;
10 mais il se roidissait contre les difficultés, et ses régents
se louaient toujours à moi de son assiduité, et de son
travail. Enfin, à force de battre le fer, il en est venu
glorieusement à avoir ses licences; et je puis dire sans
vanité que depuis deux ans qu'il est sur les bancs, il n'y
15 a point de candidat qui ait fait plus de bruit que lui dans
toutes les disputes de notre École. Il s'y est rendu

---

2 f. **les lettres** *f.:* Alphabet.
3 **tardif, ve:** spät (Früchte tragend).
4 **graver:** gravieren, einritzen, schreiben.
5 **malaisément** (adv.): unter Mühen, mit Anstrengung.
7 **la pesanteur:** Schwerfälligkeit.
8 **le jugement:** hier: Urteilsvermögen, Urteilsfähigkeit.
10 **se roidir** (= *se raidir*): Widerstand leisten, sich behaupten.
   le régent: Professor, Lehrer (in einem Collège).
11 **se louer de qc à qn:** sich jdm. gegenüber lobend über etwas äu-
   ßern.
   une assiduité: Beharrlichkeit, Eifer, Fleiß.
12 **battre le fer** (fig.): sich abmühen, sich anstrengen.
13 **avoir ses licences:** das (Lizentiats-)Examen bestehen (wurde nach
   vierjährigem Studium abgelegt).
14 **la vanité:** Eitelkeit.
   être sur les bancs (fig.): studieren. (Für die Erlangung des Doktor-
   titels waren zwei weitere Jahre Teilnahme an akademischen Diskus-
   sionen in der Universität erforderlich.)
15 **faire du bruit** (fig.): Aufsehen erregen, von sich reden machen.

redoutable, et il ne s'y passe point d'acte où il n'aille
argumenter à outrance pour la proposition contraire.
Il est ferme dans la dispute, fort comme un Turc sur ses
principes, ne démord jamais de son opinion, et pour-
5 suit un raisonnement jusque dans les derniers recoins
de la logique. Mais sur toute chose ce qui me plaît en
lui, et en quoi il suit mon exemple, c'est qu'il s'attache
aveuglément aux opinions de nos anciens, et que jamais il n'a voulu comprendre ni écouter les raisons et
10 les expériences des prétendues découvertes de notre
siècle, touchant la circulation du sang, et autres opinions de même farine.

THOMAS DIAFOIRUS. *(Il tire une grande thèse roulée de sa
poche, qu'il présente à Angélique.)* J'ai contre les circu-
15 lateurs soutenu une thèse, qu'avec la permission de
Monsieur, j'ose présenter à Mademoiselle, comme
un hommage que je lui dois des prémices de mon esprit.

1 **un acte:** hier: Disputation (öffentliches akademisches Streitgespräch
   zur Erlangung akademischer Grade).
2 **à outrance:** bis zum Äußersten.
   la proposition: hier: Meinung, These.
3 **ferme:** hart, unnachgiebig, unerschütterlich.
5 **le raisonnement:** hier: Beweisführung, Begründung.
   le recoin: (Schlupf-)Winkel.
8 **les anciens** *m.:* hier: Vorbilder aus der Antike.
10 **prétendu, e:** hier: sogenannt, vermeintlich.
11 **touchant:** bezüglich, hinsichtlich.
   la circulation du sang: (Blut-)Kreislauf.
12 **de même farine** (fig.): vom gleichen Schlag.
13 **la thèse:** Streitschrift, Abhandlung, Dissertation.
14f. **le circulateur:** Anhänger der Kreislauftheorie (Wortspiel mit lat.
   circulator ›Gaukler‹, ›Scharlatan‹).
17 **les prémices** *f.:* Anfänge; erste Versuche; erste Früchte.

ANGÉLIQUE. Monsieur, c'est pour moi un meuble inutile, et je ne me connais pas à ces choses-là.

TOINETTE. Donnez, donnez, elle est toujours bonne à prendre pour l'image; cela servira à parer notre cham-
5   bre.

THOMAS DIAFOIRUS. Avec la permission aussi de Monsieur, je vous invite à venir voir l'un de ces jours, pour vous divertir, la dissection d'une femme, sur quoi je dois raisonner.

10   TOINETTE. Le divertissement sera agréable. Il y en a qui donnent la comédie à leurs maîtresses; mais donner une dissection est quelque chose de plus galant.

MONSIEUR DIAFOIRUS. Au reste, pour ce qui est des qualités requises pour le mariage et la propagation, je
15   vous assure que, selon les règles de nos docteurs, il est tel qu'on le peut souhaiter, qu'il possède en un degré louable la vertu prolifique et qu'il est du tempérament qu'il faut pour engendrer et procréer des enfants bien conditionnés.

20   ARGAN. N'est-ce pas votre intention, Monsieur, de le pousser à la cour, et d'y ménager pour lui une charge de médecin?

---

1 **le meuble:** hier: Ding.
4 **parer qc:** etwas schmücken, verschönern.
8 **divertir:** unterhalten, zerstreuen, vergnügen.
   la dissection: Sezierung.
9 **raisonner:** hier: einen Vortrag halten.
11 **donner la comédie à qn:** jdn. ins Theater einladen, ausführen.
   la maîtresse: Braut, Verlobte, Liebste.
14 **la propagation:** Fortpflanzung.
17 **la vertu prolifique:** Zeugungsfähigkeit, Fortpflanzungsfähigkeit.
   le tempérament: hier: Konstitution, körperliche Verfassung.
18 **procréer:** zeugen.
18f. **bien conditionné, e:** wohl beschaffen, gesund, kräftig.
21 **ménager qc pour qn:** jdm. zu etwas verhelfen.

MONSIEUR DIAFOIRUS. À vous en parler franchement,
notre métier auprès des grands ne m'a jamais paru
agréable, et j'ai toujours trouvé qu'il valait mieux,
pour nous autres, demeurer au public. Le public est
5 commode. Vous n'avez à répondre de vos actions à
personne; et pourvu que l'on suive le courant des règles de l'art, on ne se met point en peine de tout ce qui
peut arriver. Mais ce qu'il y a de fâcheux auprès des
grands, c'est que, quand ils viennent à être malades, ils
10 veulent absolument que leurs médecins les guérissent.

TOINETTE. Cela est plaisant, et ils sont bien impertinents
de vouloir que vous autres messieurs vous les guéris-
siez: vous n'êtes point auprès d'eux pour cela; vous n'y
êtes que pour recevoir vos pensions, et leur ordonner
15 des remèdes; c'est à eux à guérir s'ils peuvent.

MONSIEUR DIAFOIRUS. Cela est vrai. On n'est obligé qu'à
traiter les gens dans les formes.

ARGAN *(à Cléante)*. Monsieur, faites un peu chanter ma
fille devant la compagnie.

20 CLÉANTE. J'attendais vos ordres, Monsieur, et il m'est
venu en pensée, pour divertir la compagnie, de chanter avec Mademoiselle une scène d'un petit opéra
qu'on a fait depuis peu. Tenez, voilà votre partie.

---

4 **le public:** hier: (niederes) Volk.
5 **répondre de qc:** für etwas Rechenschaft ablegen, etwas verantworten.
6f. **le courant des règles:** gängige Regeln, übliche Methoden.
7 **se mettre en peine de qc:** sich wegen etwas beunruhigen, sich um etwas Sorgen machen.
14 **la pension:** Leibrente, Gehalt.
17 **dans les formes:** nach den Regeln der Kunst, in der vorgeschriebenen Form.
19 **la compagnie:** Gesellschaft, Gäste.
23 **depuis peu:** kürzlich, vor kurzem.
   la partie: Partie, Stimme.

ANGÉLIQUE. Moi?

CLÉANTE. Ne vous défendez point, s'il vous plaît, et me
laissez vous faire comprendre ce que c'est que la scène
que nous devons chanter. Je n'ai pas une voix à chan-
5   ter; mais ici il suffit que je me fasse entendre, et l'on
aura la bonté de m'excuser par la nécessité où je me
trouve de faire chanter Mademoiselle.

ARGAN. Les vers en sont-ils beaux?

CLÉANTE. C'est proprement ici un petit opéra im-
10   promptu, et vous n'allez entendre chanter que de la
prose cadencée, ou des manières de vers libres, tels
que la passion et la nécessité peuvent faire trouver à
deux personnes qui disent les choses d'eux-mêmes, et
parlent sur-le-champ.

15   ARGAN. Fort bien. Écoutons.

CLÉANTE *(sous le nom d'un berger, explique à sa maîtresse
son amour depuis leur rencontre, et ensuite ils s'appli-
quent leurs pensées l'un à l'autre en chantant).* Voici le
sujet de la scène. Un Berger était attentif aux beautés
20   d'un spectacle, qui ne faisait que de commencer, lorsqu'il fut tiré de son attention par un bruit qu'il entendit
à ses côtés. Il se retourne, et voit un brutal, qui de

---

2 **se défendre:** hier: sich sträuben.

9 **proprement** (adv.): eigentlich, genau gesagt.

9f. **impromptu, e:** aus dem Stegreif, improvisiert.

11 **la prose cadencée:** rhythmische Prosa.

    des manières de: eine Art, so etwas wie.

    le vers libre: freier Vers (mit wechselnder Silbenzahl).

14 **sur-le-champ:** unvorbereitet, aus dem Stegreif, spontan.

16 **le berger:** Schäfer.

17f. **s'appliquer qc l'un à l'autre:** sich gegenseitig etwas offenbaren,
    eröffnen.

19 **le sujet:** hier: Handlung, Inhalt.

    être attentif, ve à qc: hier: etwas aufmerksam betrachten, verfolgen.

22 **le brutal:** grober Kerl, Grobian.

paroles insolentes maltraitait une Bergère. D'abord il
prend les intérêts d'une sexe à qui tous les hommes
doivent hommage; et après avoir donné au brutal le
châtiment de son insolence, il vient à la Bergère, et
5 voit une jeune personne qui, des deux plus beaux yeux
qu'il eût jamais vus, versait des larmes, qu'il trouva les
plus belles du monde. «Hélas! dit-il en lui-même, est-
on capable d'outrager une personne si aimable? Et
quel inhumain, quel barbare ne serait touché par de
10 telles larmes?» Il prend soin de les arrêter, ces larmes,
qu'il trouve si belles; et l'aimable Bergère prend soin
en même temps de le remercier de son léger service,
mais d'une manière si charmante, si tendre, et si pas-
sionnée, que le Berger n'y peut résister; et chaque
15 mot, chaque regard, est un trait plein de flamme, dont
son cœur se sent pénétré. «Est-il, disait-il, quelque
chose qui puisse mériter les aimables paroles d'un tel
remerciement? Et que ne voudrait-on pas faire, à
quels services, à quels dangers, ne serait-on pas ravi de
20 courir, pour s'attirer un seul moment des touchantes
douceurs d'une âme si reconnaissante?» Tout le spectacle passe sans qu'il y donne aucune attention; mais il
se plaint qu'il est trop court, parce qu'en finissant il le
sépare de son adorable Bergère; et de cette première
25 vue, de ce premier moment, il emporte chez lui tout ce
qu'un amour de plusieurs années peut avoir de plus
violent. Le voilà aussitôt à sentir tous les maux de

---

1 **maltraiter qn:** hier: jdn. beleidigen, beschimpfen.
4 **le châtiment:** Strafe, Bestrafung.
8 **outrager qn:** jdn. beleidigen, kränken, angreifen.
9 **un inhumain:** Unmensch.
10 **prendre soin de faire qc:** sich bemühen, etwas zu tun.
15 **le trait:** hier: Pfeil.
21 **reconnaissant, e:** dankbar.

l'absence, et il est tourmenté de ne plus voir ce qu'il a si
peu vu. Il fait tout ce qu'il peut pour se redonner cette
vue, dont il conserve, nuit et jour, une si chère idée;
mais la grande contrainte où l'on tient sa Bergère lui
en ôte tous les moyens. La violence de sa passion le fait
résoudre à demander en mariage l'adorable beauté
sans laquelle il ne peut plus vivre, et il en obtient d'elle
la permission par un billet qu'il a l'adresse de lui faire
tenir. Mais dans le même temps on l'avertit que le père
de cette belle a conclu son mariage avec un autre, et
que tout se dispose pour en célébrer la cérémonie.
Jugez quelle atteinte cruelle au cœur de ce triste Berger. Le voilà accablé d'une mortelle douleur. Il ne
peut souffrir l'effroyable idée de voir tout ce qu'il aime
entre les bras d'un autre; et son amour au désespoir lui
fait trouver moyen de s'introduire dans la maison de
sa Bergère, pour apprendre ses sentiments et savoir
d'elle la destinée à laquelle il doit se résoudre. Il y
rencontre les apprêts de tout ce qu'il craint; il y voit
venir l'indigne rival que le caprice d'un père oppose
aux tendresses de son amour. Il le voit triomphant,

---

1 **être tourmenté, e de qc:** über etwas Qualen empfinden, sich über
etwas grämen.
2 f. **se redonner la vue de qn:** ein Wiedersehen mit jdm. erwirken, jdn.
wiedersehen.
5 f. **le fait résoudre:** *le fait se résoudre.*
8 **le billet:** Brief(chen).
8 f. **faire tenir qc à qn:** jdm. etwas zukommen lassen.
11 **célébrer qc:** etwas feiern, feierlich begehen.
12 **juger:** sich vorstellen, ermessen.
une atteinte: Schlag.
13 **accablé, e:** überwältigt, niedergedrückt.
mortel, le: tödlich, vernichtend.
14 **effroyable:** entsetzlich, schrecklich, fürchterlich.
19 **un apprêt:** Vorbereitung.

ce rival ridicule, auprès de l'aimable Bergère, ainsi
qu'auprès d'une conquête qui lui est assurée; et cette
vue le remplit d'une colère, dont il a peine à se rendre
le maître. Il jette de douloureux regards sur celle qu'il
5   adore; et son respect, et la présence de son père l'em-
pêchent de lui rien dire que des yeux. Mais enfin il
force toute contrainte, et le transport de son amour
l'oblige à lui parler ainsi *(il chante)*.

> *Belle Philis, c'est trop, c'est trop souffrir;*
10 > *Rompons ce dur silence, et m'ouvrez vos pensées.*
> *Apprenez-moi ma destinée:*
> *Faut-il vivre? Faut-il mourir?*

ANGÉLIQUE *(répond en chantant)*.

> *Vous me voyez, Tircis, triste et mélancolique,*
15 > *Aux apprêts de l'hymen dont vous vous alarmez:*
> *Je lève au ciel les yeux, je vous regarde, je soupire,*
> *C'est vous en dire assez.*

ARGAN. Ouais! je ne croyais pas que ma fille fût si habile
que de chanter ainsi à livre ouvert, sans hésiter.

20 CLÉANTE.

> *Hélas! belle Philis,*
> *Se pourrait-il que l'amoureux Tircis*

---

2 **la conquête:** Eroberung.
3 f. **se rendre le maître de qc:** etwas beherrschen, bezwingen.
7 **forcer qc:** hier: etwas überwinden.
   la contrainte: hier: Hemmung, Scheu.
   le transport: hier: Stärke, Überschwang.
15 **un hymen:** Ehe.
   s'alarmer de qc: über etwas bestürzt sein.
16 **soupirer:** seufzen.
19 **chanter à livre ouvert:** vom Blatt singen.

> *Eût assez de bonheur,*
> *Pour avoir quelque place dans votre cœur?*

ANGÉLIQUE.

> *Je ne m'en défends point dans cette peine extrême:*
> *Oui, Tircis, je vous aime.*

CLÉANTE.

> *Ô parole pleine d'appas!*
> *Ai-je bien entendu, hélas!*
> *Redites-la, Philis, que je n'en doute pas.*

ANGÉLIQUE.

> *Oui, Tircis, je vous aime.*

CLÉANTE.

> *De grâce, encor, Philis.*

ANGÉLIQUE.

> *Je vous aime.*

CLÉANTE.

> *Recommencez cent fois, ne vous en lassez pas.*

ANGÉLIQUE.

> *Je vous aime, je vous aime,*
> *Oui, Tircis, je vous aime.*

CLÉANTE.

> *Dieux, rois, qui sous vos pieds regardez tout le monde,*
> *Pouvez-vous comparer votre bonheur au mien?*

---

7 **un appas:** Lockung, Zauber.
13 **de grâce:** hier: ich flehe Euch an!, ich bitte Euch!

Mais, Philis, une pensée
Vient troubler ce doux transport:
Un rival, un rival ...

ANGÉLIQUE.

Ah! je le hais plus que la mort;
Et sa présence, ainsi qu'à vous,
M'est un cruel supplice.

CLÉANTE.

Mais un père à ses vœux vous veut assujettir.

ANGÉLIQUE.

Plutôt, plutôt mourir,
Que de jamais y consentir;
Plutôt, plutôt mourir, plutôt mourir.

ARGAN. Et que dit le père à tout cela?

CLÉANTE. Il ne dit rien.

ARGAN. Voilà un sot père que ce père-là, de souffrir toutes ces sottises-là sans rien dire.

CLÉANTE.

Ah! mon amour ...

ARGAN. Non, non, en voilà assez. Cette comédie-là est de fort mauvais exemple. Le Berger Tircis est un impertinent, et la bergère Philis une impudente, de parler de

---

7 **le supplice:** Pein, Qual, Marter.
9 **le vœu:** Wunsch, Vorstellung.
   assujettir qn à qc: jdn. einer Sache unterwerfen, jdm. etwas aufzwingen.
16 **sot, te:** dumm, einfältig, töricht.
17 **la sottise:** Dummheit, Torheit.

la sorte devant son père. Montrez-moi ce papier. Ha,
ha. Où sont donc les paroles que vous avez dites? Il n'y
a là que de la musique écrite?

CLÉANTE. Est-ce que vous ne savez pas, Monsieur, qu'on
5   a trouvé depuis peu l'invention d'écrire les paroles
avec les notes mêmes?

ARGAN. Fort bien. Je suis votre serviteur, Monsieur; jusqu'au revoir. Nous nous serions bien passés de votre
impertinent d'opéra.

10   CLÉANTE. J'ai cru vous divertir.

ARGAN. Les sottises ne divertissent point. Ah! voici ma
femme.

Scène VI

Béline. Argan. Toinette. Angélique. Monsieur Diafoirus.
15   *Thomas Diafoirus.*

ARGAN. Mamour, voilà le fils de Monsieur Diafoirus.

THOMAS DIAFOIRUS (*commence un compliment qu'il avait
étudié, et la mémoire lui manquant, il ne peut le continuer*). Madame, c'est avec justice que le Ciel vous a
20   concédé le nom de belle-mère, puisque l'on voit sur
votre visage . . .

BÉLINE. Monsieur, je suis ravie d'être venue ici à propos
pour avoir l'honneur de vous voir.

THOMAS DIAFOIRUS. Puisque l'on voit sur votre visage . . .
25   puisque l'on voit sur votre visage . . . Madame, vous
m'avez interrompu dans le milieu de ma période, et
cela m'a troublé la mémoire.

18 **étudier qc:** hier: etwas einüben, einstudieren.
26 **la période:** Satz.

MONSIEUR DIAFOIRUS. Thomas, réservez cela pour une autre fois.

ARGAN. Je voudrais, mamie, que vous eussiez été ici tantôt.

5 TOINETTE. Ah! Madame, vous avez bien perdu de n'avoir point été au second père, à la statue de Memnon, et à la fleur nommée héliotrope.

ARGAN. Allons, ma fille, touchez dans la main de Monsieur, et lui donnez votre foi, comme à votre mari.

10 ANGÉLIQUE. Mon père.

ARGAN. Hé bien! «Mon père?» Qu'est-ce que cela veut dire?

ANGÉLIQUE. De grâce, ne précipitez pas les choses. Donnez-nous au moins le temps de nous connaître, et de

15 voir naître en nous l'un pour l'autre cette inclination si nécessaire à composer une union parfaite.

THOMAS DIAFOIRUS. Quant à moi, Mademoiselle, elle est déjà toute née en moi, et je n'ai pas besoin d'attendre davantage.

20 ANGÉLIQUE. Si vous êtes si prompt, Monsieur, il n'en est pas de même de moi, et je vous avoue que votre mérite n'a pas encore fait assez d'impression dans mon âme.

ARGAN. Ho bien, bien! cela aura tout le loisir de se faire,

25 quand vous serez mariés ensemble.

ANGÉLIQUE. Eh! mon père, donnez-moi du temps, je vous

---

4 **tantôt:** soeben, vorhin.
5 **perdre:** hier: verpassen, versäumen.
8 **toucher dans la main de qn:** jdm. die Hand reichen.
9 **donner sa foi à qn:** jdm. das Eheversprechen geben; jdm. Treue geloben.
16 **une union:** hier: Verbindung, ehelicher Bund.
24 **le loisir:** hier: Zeit, Gelegenheit.

prie. Le mariage est une chaîne où l'on ne doit jamais
soumettre un cœur par force; et si Monsieur est honnête homme, il ne doit point vouloir accepter une personne qui serait à lui par contrainte.

5 THOMAS DIAFOIRUS. *Nego consequentiam,* Mademoiselle,
et je puis être honnête homme et vouloir bien vous
accepter des mains de Monsieur votre père.

ANGÉLIQUE. C'est un méchant moyen de se faire aimer de
quelqu'un que de lui faire violence.

10 THOMAS DIAFOIRUS. Nous lisons des anciens, Mademoiselle, que leur coutume était d'enlever par force de la
maison des pères les filles qu'on menait marier, afin
qu'il ne semblât pas que ce fût de leur consentement
qu'elles convolaient dans les bras d'un homme.

15 ANGÉLIQUE. Les anciens, Monsieur, sont les anciens, et
nous sommes les gens de maintenant. Les grimaces ne
sont point nécessaires dans notre siècle; et quand un
mariage nous plaît, nous savons fort bien y aller, sans
qu'on nous y traîne. Donnez-vous patience: si vous
20 m'aimez, Monsieur, vous devez vouloir tout ce que je
veux.

THOMAS DIAFOIRUS. Oui, Mademoiselle, jusqu'aux intérêts de mon amour exclusivement.

ANGÉLIQUE. Mais la grande marque d'amour, c'est d'être
25 soumis aux volontés de celle qu'on aime.

THOMAS DIAFOIRUS. *Distinguo,* Mademoiselle: dans ce qui

---

1 **la chaîne:** Kette; hier: Bindung, Bund.
4 **par contrainte:** gezwungenermaßen.
5 **nego consequentiam** (lat.): ich bestreite diese Schlußfolgerung.
12 **mener marier qn:** jdn. heiraten, jdn. heimführen.
13 **le consentement:** Zustimmung, Einwilligung, Einverständnis.
14 **convoler dans:** fliegen in, sich stürzen in.
23 **exclusivement** (adv.): ausgenommen, abgesehen von.
26 **distinguo** (lat.): ich unterscheide.

ne regarde point sa possession, *concedo*; mais dans ce
qui la regarde, *nego*.

TOINETTE. Vous avez beau raisonner: Monsieur est frais
émoulu du collège, et il vous donnera toujours votre
reste. Pourquoi tant résister, et refuser la gloire d'être
attachée au corps de la Faculté?

BÉLINE. Elle a peut-être quelque inclination en tête.

ANGÉLIQUE. Si j'en avais, Madame, elle serait telle que la
raison et l'honnêteté pourraient me la permettre.

ARGAN. Ouais! je joue ici un plaisant personnage.

BÉLINE. Si j'étais que de vous, mon fils, je ne la forcerais
point à se marier, et je sais bien ce que je ferais.

ANGÉLIQUE. Je sais, Madame, ce que vous voulez dire, et
les bontés que vous avez pour moi; mais peut-être que
vos conseils ne seront pas assez heureux pour être exé-
cutés.

BÉLINE. C'est que les filles bien sages et bien honnêtes,
comme vous, se moquent d'être obéissantes, et sou-
mises aux volontés de leurs pères. Cela était bon autre-
fois.

ANGÉLIQUE. Le devoir d'une fille a des bornes, Madame,

---

1 **concedo** (lat.): ich stimme zu; ich gebe (es) zu.
2 **nego** (lat.): ich verneine (es); ich stimme nicht zu.
3 f. **être frais émoulu, e du collège:** frisch examiniert sein, frisch von der
   Universität kommen (*émoudre:* schleifen).
4 f. **donner son reste à qn:** jdm. keine Antwort schuldig bleiben.
6 **le corps de la Faculté:** Kollegium der Fakultät.
7 **une inclination:** hier: Liebesaffaire, Romanze.
10 **jouer un plaisant personnage:** eine lächerliche Figur abgeben; eine
   komische Rolle spielen.
11 **si j'étais que de vous:** wenn ich Ihr/Sie wäre.
15 **heureux, se:** hier: passend, angemessen.
18 **se moquer de faire qc:** hier: es lächerlich, komisch finden, etwas zu
   tun.
21 **la borne:** Grenze.

et la raison et les lois ne l'étendent point à toutes sortes
de choses.

BÉLINE. C'est-à-dire que vos pensées ne sont que pour le
mariage; mais vous voulez choisir un époux à votre
5   fantaisie.

ANGÉLIQUE. Si mon père ne veut pas me donner un mari
qui me plaise, je le conjurerai au moins de ne me point
forcer à en épouser un que je ne puisse pas aimer.

ARGAN. Messieurs, je vous demande pardon de tout
10   ceci.

ANGÉLIQUE. Chacun a son but en se mariant. Pour moi,
qui ne veux un mari que pour l'aimer véritablement, et
qui prétends en faire tout l'attachement de ma vie, je
vous avoue que j'y cherche quelque précaution. Il y en
15   a d'aucunes qui prennent des maris seulement pour se
tirer de la contrainte de leurs parents, et se mettre en
état de faire tout ce qu'elles voudront. Il y en a d'autres, Madame, qui font du mariage un commerce de
pur intérêt, qui ne se marient que pour gagner des
20   douaires, que pour s'enrichir par la mort de ceux
qu'elles épousent, et courent sans scrupule de mari en
mari, pour s'approprier leurs dépouilles. Ces per-
sonnes-là, à la vérité, n'y cherchent pas tant de façons,
et regardent peu la personne.

---

13 **un attachement:** Anhänglichkeit; hier: Bezugspunkt, Inhalt.
15 **d'aucuns, es:** einige, manche.
19 **un intérêt:** hier: finanzieller Vorteil, materieller Nutzen.
20 **le douaire:** Erbe, Hinterlassenschaft.
22 **s'approprier qc:** sich etwas aneignen, sich in den Besitz von etwas
    bringen.
    la dépouille: Nachlaß, Hinterlassenschaft.
23 **ne pas chercher des façons:** sich wenig Mühe machen, keine großen
    Umstände machen.

BÉLINE. Je vous trouve aujourd'hui bien raisonnante, et je voudrais bien savoir ce que vous voulez dire par-là.

ANGÉLIQUE. Moi, Madame, que voudrais-je dire que ce que je dis?

BÉLINE. Vous êtes si sotte, mamie, qu'on ne saurait plus vous souffrir.

ANGÉLIQUE. Vous voudriez bien, Madame, m'obliger à vous répondre quelque impertinence; mais je vous avertis que vous n'aurez pas cet avantage.

BÉLINE. Il n'est rien d'égal à votre insolence.

ANGÉLIQUE. Non, Madame, vous avez beau dire.

BÉLINE. Et vous avez un ridicule orgueil, une impertinente présomption qui fait hausser les épaules à tout le monde.

ANGÉLIQUE. Tout cela, Madame, ne servira de rien. Je serai sage en dépit de vous; et pour vous ôter l'espérance de pouvoir réussir dans ce que vous voulez, je vais m'ôter de votre vue.

ARGAN. Écoute, il n'y a point de milieu à cela: choisis d'épouser dans quatre jours, ou Monsieur, ou un convent. Ne vous mettez pas en peine, je la rangerai bien.

BÉLINE. Je suis fâchée de vous quitter, mon fils, mais j'ai

---

1 **raisonnant, e:** rechthaberisch, streitlustig.
7 **souffrir qn:** jdn. ertragen.
10 **un avantage:** hier: Genugtuung.
14 **la présomption:** Dünkel, Anmaßung, Überheblichkeit.
 hausser les épaules: die Achseln zucken; den Kopf schütteln.
17 **en dépit de qn:** jdm. zum Trotze.
19 **s'ôter de la vue de qn:** sich jds. Anblick entziehen, sich entfernen.
20 **le milieu:** hier: Mittelweg, Kompromiß.
22 **ranger qn:** jdn. zur Vernunft bringen; mit jdm. fertig werden.
24 **être fâché, e de qc:** über etwas betrübt sein, etwas bedauern.

une affaire en ville, dont je ne puis me dispenser. Je reviendrai bientôt.

ARGAN. Allez, mamour, et passez chez votre notaire, afin qu'il expédie ce que vous savez.

5 BÉLINE. Adieu, mon petit ami.

ARGAN. Adieu, mamie. Voilà une femme qui m'aime . . . cela n'est pas croyable.

MONSIEUR DIAFOIRUS. Nous allons, Monsieur, prendre congé de vous.

10 ARGAN. Je vous prie, Monsieur, de me dire un peu comment je suis.

MONSIEUR DIAFOIRUS *(lui tâte le pouls)*. Allons, Thomas, prenez l'autre bras de Monsieur, pour voir si vous saurez porter un bon jugement de son pouls. *Quid dicis?*

15 THOMAS DIAFOIRUS. *Dico* que le pouls de Monsieur est le pouls d'un homme qui ne se porte point bien.

MONSIEUR DIAFOIRUS. Bon.

THOMAS DIAFOIRUS. Qu'il est duriuscule, pour ne pas dire dur.

20 MONSIEUR DIAFOIRUS. Fort bien.

THOMAS DIAFOIRUS. Repoussant.

MONSIEUR DIAFOIRUS. *Bene*.

THOMAS DIAFOIRUS: Et même un peu caprisant.

---

1 **se dispenser de qc:** sich einer Sache entziehen, sich von etwas freimachen.
4 **expédier qc:** etwas erledigen; etwas ausfertigen.
8 f. **prendre congé de qn:** sich von jdm. verabschieden.
10 f. **comment je suis:** wie es um mich steht.
12 **tâter le pouls à qn:** jdm. den Puls fühlen.
14 **Quid dicis?** (lat.): Was sagst du? Was meinst du?
15 **dico** (lat.): ich sage, meine.
18 **duriuscule:** ziemlich stark (latinisierende Wortbildung).
21 **repoussant, e:** hier: kräftig, heftig.
22 **bene** (lat.): gut.
23 **caprisant, e** (= *capricant, e*): hüpfend, springend; unregelmäßig.

MONSIEUR DIAFOIRUS. *Optime.*

THOMAS DIAFOIRUS. Ce qui marque une intempérie dans le *parenchyme splénique*, c'est-à-dire la rate.

MONSIEUR DIAFOIRUS. Fort bien.

ARGAN. Non: Monsieur Purgon dit que c'est mon foie qui est malade.

MONSIEUR DIAFOIRUS. Eh! oui: qui dit *parenchyme*, dit l'un et l'autre, à cause de l'étroite sympathie qu'ils ont ensemble, par le moyen du *vas breve du pylore*, et souvent des *méats cholidoques*. Il vous ordonne sans doute de manger force rôti?

ARGAN. Non, rien que du bouilli.

MONSIEUR DIAFOIRUS. Eh! oui: rôti, bouilli, même chose. Il vous ordonne fort prudemment, et vous ne pouvez être en de meilleures mains.

ARGAN. Monsieur, combien est-ce qu'il faut mettre de grains de sel dans un œuf?

MONSIEUR DIAFOIRUS. Six, huit, dix, par les nombres pairs; comme dans les médicaments, par les nombres impairs.

ARGAN. Jusqu'au revoir, Monsieur.

---

2 **une intempérie:** Verstimmung, Störung (des Gleichgewichts der Körpersäfte).

3 **le parenchyme splénique:** Parenchymium splinicum (lat., Milzgewebe).
   la rate: Milz.

5 **le foie:** Leber.

8 **la sympathie:** hier: Verbindung, Zusammenhang.

9 **le vas breve:** Gefäß, Gang.
   le pylore: Pylorus (lat., Magenöffnung, Magenausgang).

10 **le méat cholidoque:** Meatus cholidochi (lat., Gallengang).

11 **force** (adv.): viel, eine Menge.
   le rôti: Gebratenes, Braten.

12 **le bouilli:** hier: Gekochtes, Gesottenes.

14 **prudemment** (adv.): klug, umsichtig.

Scène VII

Béline. Argan.

BÉLINE. Je viens, mon fils, avant que de sortir, vous donner avis d'une chose à laquelle il faut que vous preniez
5   garde. En passant par-devant la chambre d'Angélique, j'ai vu un jeune homme avec elle, qui s'est sauvé
d'abord qu'il m'a vue.
ARGAN. Un jeune homme avec ma fille?
BÉLINE. Oui. Votre petite fille Louison était avec eux, qui
10   pourra vous en dire des nouvelles.
ARGAN. Envoyez-la ici, mamour, envoyez-la ici. Ah, l'effrontée! je ne m'étonne plus de sa résistance.

Scène VIII

Louison. Argan.

15 LOUISON. Qu'est-ce que vous voulez, mon papa? Ma
belle-maman m'a dit que vous me demandez.
ARGAN. Oui, venez çà, avancez là. Tournez-vous, levez
les yeux, regardez-moi. Eh!
LOUISON. Quoi, mon papa?
20 ARGAN. Là.
LOUISON. Quoi?
ARGAN. N'avez-vous rien à me dire?

---

3 f. **donner avis à qn de qc:** jdm. etwas mitteilen, jdn. von etwas unterrichten.
5 **par-devant:** *devant.*
7 **d'abord que:** sobald, (in dem Moment) als.
11 f. **une effrontée:** unverschämte, freche Person.
17 **çà:** hierher.
20 **là** hier: nun, also.

LOUISON. Je vous dirai, si vous voulez, pour vous désennuyer, le conte de *Peau d'âne*, ou bien la fable du
Corbeau et du Renard, qu'on m'a apprise depuis
peu.

ARGAN. Ce n'est pas là ce que je demande.

LOUISON. Quoi donc?

ARGAN. Ah! rusée, vous savez bien ce que je veux dire.

LOUISON. Pardonnez-moi, mon papa.

ARGAN. Est-ce là comme vous m'obéissez?

LOUISON. Quoi?

ARGAN. Ne vous ai-je pas recommandé de me venir dire
d'abord tout ce que vous voyez?

LOUISON. Oui, mon papa.

ARGAN. L'avez-vous fait?

LOUISON. Oui, mon papa. Je vous suis venue dire tout ce
que j'ai vu.

ARGAN. Et n'avez-vous rien vu aujourd'hui?

LOUISON. Non, mon papa.

ARGAN. Non?

LOUISON. Non, mon papa.

ARGAN. Assurément?

LOUISON. Assurément.

ARGAN. Oh çà! je m'en vais vous faire voir quelque chose,
moi. *(Il va prendre une poignée de verges.)*

LOUISON. Ah! mon papa.

1f. **désennuyer qn:** jdn. unterhalten, jdm. die Zeit vertreiben.

2 **Peau d'âne:** Eselshaut; Volksmärchen, von Charles Perrault 1694 in
   Verse gebracht. *Le Corbeau et le Renard* ist die Fabel vom Fuchs und
   vom Raben, 1668 von Jean de La Fontaine veröffentlicht.

7 **la rusée:** Listige; hier: durchtriebenes Ding.

11 **recommander qc à qn:** hier: jdm. etwas auftragen, befehlen.

24 **la poignée de verges:** (Zucht-)Rute (*la poignée:* Handvoll, Bündel; *la
   verge:* Rute, Gerte).

ARGAN. Ah, ah! petite masque, vous ne me dites pas que
   vous avez vu un homme dans la chambre de votre
   sœur?

LOUISON. Mon papa!

5 ARGAN. Voici qui vous apprendra à mentir.

LOUISON *(se jette à genoux)*. Ah! mon papa, je vous
   demande pardon. C'est que ma sœur m'avait dit de ne
   pas vous le dire; mais je m'en vais vous dire tout.

ARGAN. Il faut premièrement que vous ayez le fouet pour
10   avoir menti. Puis après nous verrons au reste.

LOUISON. Pardon, mon papa!

ARGAN. Non, non.

LOUISON. Mon pauvre papa, ne me donnez pas le fouet!

ARGAN. Vous l'aurez.

15 LOUISON. Au nom de Dieu! mon papa, que je ne l'aie pas.

ARGAN *(la prenant pour la fouetter)*. Allons, allons.

LOUISON. Ah! mon papa, vous m'avez blessée. Attendez:
   je suis morte. *(Elle contrefait la morte.)*

ARGAN. Holà! Qu'est-ce là? Louison, Louison. Ah, mon
20   Dieu! Louison. Ah! ma fille! Ah! malheureux, ma
   pauvre fille est morte. Qu'ai-je fait, misérable! Ah!
   chiennes de verges. La peste soit des verges! Ah! ma
   pauvre fille, ma pauvre petite Louison.

LOUISON. Là, là, mon papa, ne pleurez point tant, je ne
25   suis pas morte tout à fait.

ARGAN. Voyez-vous la petite rusée? Oh çà! çà! je vous
   pardonne pour cette fois-ci, pourvu que vous me disiez
   bien tout.

---

1 **la masque:** Hexe; Heuchlerin.
9 **avoir le fouet:** die Peitsche (zu spüren) bekommen.
18 **contrefaire la morte:** sich totstellen.
22 **chiennes de …:** verfluchte …, verdammte ….
   la peste soit de …: verdammte(r) …, zum Teufel mit ….

LOUISON. Ho! oui, mon papa.

ARGAN. Prenez-y bien garde au moins, car voilà un petit
doigt qui sait tout, qui me dira si vous mentez.

LOUISON. Mais, mon papa, ne dites pas à ma sœur que je
vous l'ai dit.

ARGAN. Non, non.

LOUISON. C'est, mon papa, qu'il est venu un homme dans
la chambre de ma sœur comme j'y étais.

ARGAN. Hé bien?

LOUISON. Je lui ai demandé ce qu'il demandait, et il m'a
dit qu'il était son maître à chanter.

ARGAN. Hon, hon. Voilà l'affaire. Hé bien?

LOUISON. Ma sœur est venue après.

ARGAN. Hé bien?

LOUISON. Elle lui a dit «Sortez, sortez, sortez, mon Dieu!
sortez; vous me mettez au désespoir.»

ARGAN. Hé bien?

LOUISON. Et lui, il ne voulait pas sortir.

ARGAN. Qu'est-ce qu'il lui disait?

LOUISON. Il lui disait je ne sais combien de choses.

ARGAN. Et quoi encore?

LOUISON. Il lui disait tout ci, tout ça, qu'il l'aimait bien, et
qu'elle était la plus belle du monde.

ARGAN. Et puis après?

LOUISON. Et puis après, il se mettait à genoux devant elle.

ARGAN. Et pui après?

LOUISON. Et puis après, il lui baisait les mains.

ARGAN. Et puis après?

---

8 **comme:** *quand.*

12 **Voilà l'affaire:** So ist das also. Da haben wir's.

16 **mettre qn au désespoir:** hier: jdn. ins Unglück stürzen.

22 **tout ci, tout ça:** alles mögliche, so allerhand.

LOUISON. Et puis après, ma belle-maman est venue à la porte, et il s'est enfui.

ARGAN. Il n'y a point autre chose?

LOUISON. Non, mon papa.

5 ARGAN. Voilà mon petit doigt pourtant qui gronde quelque chose. *(Il met son doigt à son oreille.)* Attendez. Eh! ah, ah! oui? Oh, oh! voilà mon petit doigt qui me dit quelque chose que vous avez vu, et que vous ne m'avez pas dit.

10 LOUISON. Ah! mon papa, votre petit doigt est un menteur.

ARGAN. Prenez garde.

LOUISON. Non, mon papa, ne le croyez pas, il ment, je vous assure.

ARGAN. Oh bien, bien! nous verrons cela. Allez-vous-en,
15 et prenez bien garde à tout: allez. Ah! il n'y a plus d'enfants. Ah! que d'affaires! je n'ai pas seulement le loisir de songer à ma maladie. En vérité, je n'en puis plus. *(Il se remet dans sa chaise.)*

Scène IX

20 *Béralde. Argan.*

BÉRALDE. Hé bien! mon frère, qu'est-ce? comment vous portez-vous?

ARGAN. Ah! mon frère, fort mal.

BÉRALDE. Comment «fort mal»?

25 ARGAN. Oui, je suis dans une faiblesse si grande que cela n'est pas croyable.

---

5 **gronder qc:** etwas brummen, murmeln.
16 **que d'affaires!:** was für Geschichten!, was für Schwierigkeiten!
   je n'ai pas seulement: *je n'ai même pas.*
17 **en vérité:** wahrhaftig, weiß der Himmel.

BÉRALDE. Voilà qui est fâcheux.

ARGAN. Je n'ai pas seulement la force de pouvoir parler.

BÉRALDE. J'étais venu ici, mon frère, vous proposer un parti pour ma nièce Angélique.

ARGAN *(parlant avec emportement, et se levant de sa chaise)*. Mon frère, ne me parlez point de cette coquine-là. C'est une friponne, une impertinente, une effrontée, que je mettrai dans un convent avant qu'il soit deux jours.

BÉRALDE. Ah! voilà qui est bien: je suis bien aise que la force vous revienne un peu, et que ma visite vous fasse du bien. Oh çà! nous parlerons d'affaires tantôt. Je vous amène ici un divertissement, que j'ai rencontré, qui dissipera votre chagrin, et vous rendra l'âme mieux disposée aux choses que nous avons à dire. Ce sont des Égyptiens, vêtus en Mores, qui font des danses mêlés de chansons, où je suis sûr que vous prendrez plaisir; et cela vaudra bien une ordonnance de Monsieur Purgon. Allons.

---

7 **la friponne:** Luder, Biest.
14 **dissiper qc:** etwas vertreiben.
16 **un Égyptien:** hier: Zigeuner, Vagabund.
   le More: Maure, Mohr.
19 **Allons:** Die Darbietung der Mohren wird in dem sich anschließenden zweiten Zwischenspiel gezeigt, das in der vorliegenden Ausgabe nicht enthalten ist; vgl. »Editorische Notiz«.

Acte III

Scène première
Béralde. Argan. Toinette.

BÉRALDE. Hé bien! mon frère, qu'en dites-vous? cela ne
vaut-il pas bien une prise de casse?

TOINETTE. Hon, de bonne casse est bonne.

BÉRALDE. Oh çà! voulez-vous que nous parlions un peu
ensemble?

ARGAN. Un peu de patience, mon frère, je vais revenir.

TOINETTE. Tenez, Monsieur, vous ne songez pas que vous
ne sauriez marcher sans bâton.

ARGAN. Tu as raison.

Scène II
Béralde. Toinette.

TOINETTE. N'abandonnez pas, s'il vous plaît, les intérêts
de votre nièce.

BÉRALDE. J'emploierai toutes choses pour lui obtenir ce
qu'elle souhaite.

TOINETTE. Il faut absolument empêcher ce mariage extravagant qu'il s'est mis dans la fantaisie, et j'avais songé
en moi-même que ç'aurait été une bonne affaire de
pouvoir introduire ici un médecin à notre poste, pour

---

19 f. **extravagant, e:** hier: unsinnig, unpassend, närrisch.
20 **se mettre qc dans la fantaisie:** sich etwas in den Kopf setzen.
22 **à sa poste:** nach jds. Sinn, Geschmack.

le dégoûter de son Monsieur Purgon, et lui décrier sa
conduite. Mais, comme nous n'avons personne en
main pour cela, j'ai résolu de jouer un tour de ma
tête.

5 BÉRALDE. Comment?

TOINETTE. C'est une imagination burlesque. Cela sera
peut-être plus heureux que sage. Laissez-moi faire:
agissez de votre côté. Voici notre homme.

Scène III

0 *Argan. Béralde.*

BÉRALDE. Vous voulez bien, mon frère, que je vous
demande, avant toute chose, de ne vous point échauffer l'esprit dans notre conversation.

ARGAN. Voilà qui est fait.

5 BÉRALDE. De répondre sans nulle aigreur aux choses que
je pourrai vous dire.

ARGAN. Oui.

BÉRALDE. Et de raisonner ensemble, sur les affaires dont
nous avons à parler, avec un esprit détaché de toute
0 passion.

---

1 **dégoûter qn de qn:** jdm. verleiden, jdn. von jdm. abbringen.
 décrier qc: etwas schlechtmachen.
 3f. **de ma tête:** von mir selbst ausgedacht.
 6 **une imagination:** hier: Einfall, Idee.
 7 **heureux, se:** hier: erfolgreich, wirksam.
 11 **bien vouloir qc:** etwas gestatten, erlauben.
 12f. **s'échauffer l'esprit:** sich aufregen, erregen, ärgern.
 14 **Voilà qui est fait:** Einverstanden. So soll es sein.
 15 **une aigreur** (fig.): Bitterkeit, Groll.
 19 **détaché, e de qc:** von etwas frei, ohne etwas.

ARGAN. Mon Dieu! oui. Voilà bien du préambule.

BÉRALDE. D'où vient, mon frère, qu'ayant le bien que
vous avez, et n'ayant d'enfants qu'une fille, car je ne
compte pas la petite, d'où vient, dis-je, que vous par-
5   lez de la mettre dans un convent?

ARGAN. D'où vient, mon frère, que je suis maître dans ma
famille pour faire ce que bon me semble?

BÉRALDE. Votre femme ne manque pas de vous conseiller
de vous défaire ainsi de vos deux filles, et je ne doute
10 point que, par un esprit de charité, elle ne fût ravie de
les voir toutes deux bonnes religieuses.

ARGAN. Oh çà! nous y voici. Voilà d'abord la pauvre
femme en jeu. C'est elle qui fait tout le mal, et tout le
monde lui en veut.

15 BÉRALDE. Non, mon frère; laissons-la là; c'est une femme
qui a les meilleures intentions du monde pour votre
famille, et qui est détachée de toute sorte d'intérêt, qui
a pour vous une tendresse merveilleuse, et qui montre
pour vos enfants une affection et une bonté qui n'est
20 pas concevable: cela est certain. N'en parlons point, et
revenons à votre fille. Sur quelle pensée, mon frère, la
voulez-vous donner en mariage au fils d'un médecin?

ARGAN. Sur la pensée, mon frère, de me donner un gendre tel qu'il me faut.

25 BÉRALDE. Ce n'est point là, mon frère, le fait de votre
fille, et il se présente un parti plus sortable pour elle.

---

1 **le préambule:** Einleitung, Vorrede.
8 **ne pas manquer de faire qc:** nicht versäumen, etwas zu tun.
9 **se défaire de qn:** sich jdn. vom Halse schaffen, sich jds. entledigen.
10 **un esprit de charité:** Nächstenliebe, Wohltätigkeit, Barmherzigkeit.
12 **nous y voici:** das ist es also, also darum geht es.
13 **être en jeu:** im Spiel sein, herhalten müssen.
26 **sortable:** günstig, passend.

ARGAN. Oui, mais celui-ci, mon frère, est plus sortable
pour moi.

BÉRALDE. Mais le mari qu'elle doit prendre doit-il être,
mon frère, ou pour elle, ou pour vous?

5 ARGAN. Il doit être, mon frère, et pour elle, et pour moi,
et je veux mettre dans ma famille les gens dont j'ai
besoin.

BÉRALDE. Par cette raison-là, si votre petite était grande,
vous lui donneriez en mariage un apothicaire?

10 ARGAN. Pourquoi non?

BÉRALDE. Est-il possible que vous serez toujours embéguiné de vos apothicaires et de vos médecins, et que
vous vouliez être malade en dépit des gens et de la
nature?

15 ARGAN. Comment l'entendez-vous, mon frère?

BÉRALDE. J'entends, mon frère, que je ne vois point
d'homme qui soit moins malade que vous, et que je ne
demanderais point une meilleure constitution que la
vôtre. Une grande marque que vous vous portez bien
20 et que vous avez un corps parfaitement bien composé,
c'est qu'avec tous les soins que vous avez pris, vous
n'avez pu parvenir encore à gâter la bonté de votre
tempérament, et que vous n'êtes point crevé de toutes
les médecines qu'on vous a fait prendre.

25 ARGAN. Mais savez-vous, mon frère, que c'est cela qui me
conserve, et que Monsieur Purgon dit que je succom-

---

11 f. **embéguiné, e de:** vernarrt in, Feuer und Flamme für, besessen von.
15 **entendre:** hier: meinen.
22 **gâter qc:** etwas verderben, ruinieren.
22 f. **la bonté du tempérament:** hier: gesunde Natur, gute körperliche
Verfassung.
23 **crever:** sterben, den Geist aufgeben.
26 f. **succomber:** sterben, umkommen.

berais, s'il était seulement trois jours sans prendre soin
de moi?

BÉRALDE. Si vous n'y prenez garde, il prendra tant de soin
de vous qu'il vous envoiera en l'autre monde.

5 ARGAN. Mais raisonnons un peu, mon frère. Vous ne
croyez donc point à la médecine?

BÉRALDE. Non, mon frère, et je ne vois pas que, pour son
salut, il soit nécessaire d'y croire.

ARGAN. Quoi? vous ne tenez pas véritable une chose éta-
10 blie par tout le monde, et que tous les siècles ont ré-
vérée?

BÉRALDE. Bien loin de la tenir véritable, je la trouve,
entre nous, une des plus grandes folies qui soit parmi
les hommes, et à regarder les choses en philosophe, je
15 ne vois point de plus plaisante momerie, je ne vois rien
de plus ridicule qu'un homme qui se veut mêler d'en
guérir un autre.

ARGAN. Pourquoi ne voulez-vous pas, mon frère, qu'un
homme en puisse guérir un autre?

20 BÉRALDE. Par la raison, mon frère, que les ressorts de
notre machine sont des mystères, jusques ici, où les
hommes ne voient goutte, et que la nature nous a mis
au-devant des yeux des voiles trop épais pour y connaître quelque chose.

8 **le salut:** Heil, Wohl(ergehen).
9 f. **établir:** hier: anerkennen.
10 f. **révérer qc:** etwas verehren, zutiefst achten.
14 **en philosophe:** hier: vernünftig, in Ruhe.
15 **la momerie:** Schauspiel, Schabernack.
16 **se mêler de faire qc:** hier: sich bemühen, sich anstrengen, etwas zu
tun.
20 **le ressort:** hier: Funktionieren, Mechanismus.
22 **ne ... goutte:** nicht das geringste, nicht das kleinste bißchen.

ARGAN. Les médecins ne savent donc rien, à votre compte?

BÉRALDE. Si fait, mon frère. Ils savent la plupart de fort belles humanités, savent parler en beau latin, savent nommer en grec toutes les maladies, les définir et les diviser; mais, pour ce qui est de les guérir, c'est ce qu'ils ne savent point du tout.

ARGAN. Mais toujours faut-il demeurer d'accord que, sur cette matière, les médecins en savent plus que les autres.

BÉRALDE. Ils savent, mon frère, ce que je vous ai dit, qui ne guérit pas de grand-chose; et toute l'excellence de leur art consiste en un pompeux galimatias, en un spécieux babil, qui vous donne des mots pour des raisons, et des promesses pour des effets.

ARGAN. Mais enfin, mon frère, il y a des gens aussi sages et aussi habiles que vous; et nous voyons que, dans la maladie, tout le monde a recours aux médecins.

BÉRALDE. C'est une marque de la faiblesse humaine, et non pas de la vérité de leur art.

ARGAN. Mais il faut bien que les médecins croient leur art véritable, puisqu'ils s'en servent pour eux-mêmes.

---

2 **le compte:** hier: Meinung, Ansicht, Dafürhalten.

3 **si fait:** hier: so ist es, genau.

3 f. **savoir de fort belles humanités** (*f.*): über eine schöne Bildung verfügen (*les humanités:* Studium der griechischen und lateinischen Sprache und Literatur als Teil des humanistischen Bildungsgangs).

6 **diviser qc:** hier: etwas einordnen.

13 **pompeux, se:** hier: aufgeblasen, hochgestochen.
le galimatias: Gefasel.

13 f. **spécieux, se:** (nur) scheinbar wahr, wohlklingend, imponierend.

14 **le babil:** Geschwätz, Gerede.

18 **avoir recours à qn:** bei jdm. Hilfe suchen, sich an jdn. wenden (*le recours:* Zuflucht).

BÉRALDE. C'est qu'il y en a parmi eux qui sont eux-mêmes
dans l'erreur populaire, dont ils profitent, et d'autres
qui en profitent sans y être. Votre Monsieur Purgon,
par exemple, n'y sait point de finesse: c'est un homme
5   tout médecin, depuis la tête jusqu'aux pieds; un
homme qui croit à ses règles plus qu'à toutes les dé-
monstrations des mathématiques, et qui croirait du
crime à les vouloir examiner; qui ne voit rien d'obscur
dans la médecine, rien de douteux, rien de difficile, et
10   qui, avec une impétuosité de prévention, une raideur
de confiance, une brutalité de sens commun et de raison, donne au travers des purgations et des saignées,
et ne balance aucune chose. Il ne lui faut point vouloir
mal de tout ce qu'il pourra vous faire: c'est de la meil-
15   leure foi du monde qu'il vous expédiera, et il ne fera,
en vous tuant, que ce qu'il a fait à sa femme et à ses
enfants, et ce qu'en un besoin il ferait à lui-même.

ARGAN. C'est que vous avez, mon frère, une dent de lait

---

2 **populaire:** hier: allgemein, weitverbreitet.
4 **ne pas savoir de finesse à qc:** etwas ohne Hintergedanken, ohne
schlechte Absichten tun (*la finesse:* List).
6f. **la démonstration:** Beweisführung.
10 **une impétuosité:** Heftigkeit, Ungestüm.
la prévention: Voreingenommenheit, Vorurteil.
la raideur: Starrheit; Sturheit; Verbohrtheit.
11 **le sens commun:** gesunder Menschenverstand.
12 **faire qc au travers:** etwas ohne Sinn und Verstand, aufs Geratewohl
tun.
la purgation: Purgantie, Abführung.
13 **balancer qc:** etwas abwägen, prüfen, überlegen.
14f. **la bonne foi:** gute Absicht.
15 **expédier qn:** hier: jdn. ins Jenseits befördern; jdn. um die Ecke
bringen.
17 **le besoin:** hier: Bedarfsfall, Notfall.
18f. **avoir une dent de lait contre qn:** seit je einen Rochus auf jdn. haben,
jdn. nicht ausstehen können.

contre lui. Mais enfin venons au fait. Que faire donc
quand on est malade?

BÉRALDE. Rien, mon frère.

ARGAN. Rien?

5 BÉRALDE: Rien. Il ne faut que demeurer en repos. La
nature, d'elle-même, quand nous la laissons faire, se
tire doucement du désordre où elle est tombée. C'est
notre inquiétude, c'est notre impatience qui gâte tout,
et presque tous les hommes meurent de leurs remèdes,
et non pas de leurs maladies.

ARGAN. Mais il faut demeurer d'accord, mon frère, qu'on
peut aider cette nature par de certaines choses.

BÉRALDE. Mon Dieu! mon frère, ce sont pures idées, dont
nous aimons à nous repaître; et, de tout temps, il s'est
5 glissé parmi les hommes de belles imaginations, que
nous venons à croire, parce qu'elles nous flattent et
qu'il serait à souhaiter qu'elles fussent véritables.
Lorsqu'un médecin vous parle d'aider, de secourir, de
soulager la nature, de lui ôter ce qui lui nuit et lui
0 donner ce qui lui manque, de la rétablir et de la remettre dans une pleine facilité de ses fonctions; lorsqu'il
vous parle de rectifier le sang, de tempérer les entrailles et le cerveau, de dégonfler la rate, de raccommoder la poitrine, de réparer le foie, de fortifier le
5 cœur, de rétablir et conserver la chaleur naturelle, et
d'avoir des secrets pour étendre la vie à de longues

---

14 **se repaître de qc:** sich an etwas weiden, ergötzen.
16 **flatter qn:** jdm. schmeicheln.
20 **rétablir qc:** etwas wiederherstellen.
21 **la facilité de ses fonctions:** hier: reibungsloses Funktionieren.
22 **rectifier qc:** etwas läutern, klären, reinigen.
23 **dégonfler qc:** etwas abschwellen (lassen).
23 f. **raccommoder qc:** hier: etwas heilen.

années: il vous dit justement le roman de la médecine.
Mais quand vous en venez à la vérité et à l'expérience,
vous ne trouvez rien de tout cela, et il en est comme de
ces beaux songes qui ne vous laissent au réveil que le
5 déplaisir de les avoir crus.

ARGAN. C'est-à-dire que toute la science du monde est
renfermée dans votre tête, et vous voulez en savoir
plus que tous les grands médecins de notre siècle.

BÉRALDE. Dans les discours et dans les choses, ce sont
10 deux sortes de personnes que vos grands médecins.
Entendez-les parler: les plus habiles gens du monde; voyez-les faire: les plus ignorants de tous les
hommes.

ARGAN. Hoy! Vous êtes un grand docteur, à ce que je
15 vois, et je voudrais bien qu'il y eût ici quelqu'un de ces
messieurs pour rembarrer vos raisonnements et rabaisser votre caquet.

BÉRALDE. Moi, mon frère, je ne prends point à tâche de
combattre la médecine; et chacun, à ses périls et for-
20 tune, peut croire tout ce qu'il lui plaît. Ce que j'en dis
n'est qu'entre nous, et j'aurais souhaité de pouvoir un
peu vous tirer de l'erreur où vous êtes, et, pour vous
divertir, vous mener voir sur ce chapitre quelqu'une
des comédies de Molière.

---

1 **le roman:** hier: (Lügen-)Märchen.
5 **le déplaisir:** Mißvergnügen, Enttäuschung.
14 **le docteur:** hier: Gelehrter.
16 **rembarrer qc:** etwas zurechtrücken; jdm. etwas austreiben.
16f. **rabaisser le caquet de qn:** jds. Mundwerk stopfen (*rabaisser:* sen-
ken; *le caquet:* Geschwätz).
19f. **à ses périls et fortune:** auf eigenes Risiko, auf eigene Gefahr (*le
péril:* Gefahr).
23 **sur ce chapitre:** in diesem Zusammenhang, zu diesem Thema.

ARGAN. C'est un bon impertinent que votre Molière avec ses comédies, et je le trouve bien plaisant d'aller jouer d'honnêtes gens comme les médecins.

BÉRALDE. Ce ne sont point les médecins qu'il joue, mais le ridicule de la médecine.

ARGAN. C'est bien à lui à faire de se mêler de contrôler la médecine; voilà un bon nigaud, un bon impertinent, de se moquer des consultations et des ordonnances, de s'attaquer au corps des médecins, et d'aller mettre sur son théâtre des personnes vénérables comme ces messieurs-là.

BÉRALDE. Que voulez-vous qu'il y mette que les diverses professions des hommes? On y met bien tous les jours les princes et les rois, qui sont d'aussi bonne maison que les médecins.

ARGAN. Par la mort non de diable! si j'étais que des médecins, je me vengerais de son impertinence; et quand il sera malade, je le laisserais mourir sans secours. Il aurait beau faire et beau dire, je ne lui ordonnerais pas la moindre petite saignée, le moindre petit lavement, et je lui dirais: «Crève, crève! cela t'apprendra une autre fois à te jouer à la Faculté.»

BÉRALDE. Vous voilà bien en colère contre lui.

---

2 **jouer qn:** hier: sich über jdn. lustig machen, mit jdm. seinen Spott treiben.

6 **c'est bien à lui à faire:** er ist gerade der Richtige, er hat es gerade nötig.

7 **le nigaud:** Dummkopf, Tor, Trottel.

9 **le corps des médecins:** Stand, Zunft der Ärzte.

10 **vénérable:** ehrenhaft, ehrbar.

16 **Par la mort non de diable!:** Tod und Teufel! Zum Teufel noch mal!

22 **se jouer à qn:** sich über jdn. lustig machen, sich an jdm. vergreifen, mit jdm. sein Spiel treiben.

ARGAN. Oui, c'est un malavisé, et si les médecins sont
sages, ils feront ce que je dis.

BÉRALDE. Il sera encore plus sage que vos médecins, car il
ne leur demandera point de secours.

5 ARGAN. Tant pis pour lui s'il n'a point recours aux remèdes.

BÉRALDE. Il a ses raisons pour n'en point vouloir, et il
soutient que cela n'est permis qu'aux gens vigoureux
et robustes, et qui ont des forces de reste pour porter

10 les remèdes avec la maladie; mais que, pour lui, il n'a
justement de la force que pour porter son mal.

ARGAN. Les sottes raisons que voilà! Tenez, mon frère,
ne parlons point de cet homme-là davantage, car cela
m'échauffe la bile, et vous me donneriez mon mal.

15 BÉRALDE. Je le veux bien, mon frère; et, pour changer de
discours, je vous dirai que, sur une petite répugnance
que vous témoigne votre fille, vous ne devez point
prendre les résolutions violentes de la mettre dans un
couvent; que, pour le choix d'un gendre, il ne vous faut

20 pas suivre aveuglément la passion qui vous emporte, et
qu'on doit, sur cette matière, s'accommoder un peu à
l'inclination d'une fille, puisque c'est pour toute la vie,
et que de là dépend tout le bonheur d'un mariage.

---

1 **le malavisé, e:** unbedachter Mensch, Dummkopf, Trottel.
8 **vigoureux, se:** kräftig, gesund.
9 **de reste:** überschüssig.
14 **échauffer la bile à qn:** jdm. die Galle hochtreiben, jdn. ärgern, aufregen.
donner son mal à qn: jdn. krank machen.
16 **la répugnance:** hier: Widerstand, Abwehr.
21 **s'accommoder à qc:** sich nach etwas richten, auf etwas eingehen.

Scène IV

Monsieur Fleurant, une seringue à la main. Argan. Béralde.

ARGAN. Ah! mon frère, avec votre permission.

BÉRALDE. Comment? que voulez-vous faire?

ARGAN. Prendre ce petit lavement-là; ce sera bientôt fait.

BÉRALDE. Vous vous moquez. Est-ce que vous ne sauriez être un moment sans lavement ou sans médecine? Remettez cela à une autre fois, et demeurez un peu en repos.

ARGAN. Monsieur Fleurant, à ce soir, ou à demain au matin.

MONSIEUR FLEURANT *(à Béralde)*. De quoi vous mêlez-vous de vous opposer aux ordonnances de la médecine, et d'empêcher Monsieur de prendre mon clystère? Vous êtes bien plaisant d'avoir cette hardiesse-là!

BÉRALDE. Allez, Monsieur, on voit bien que vous n'avez pas accoutumé de parler à des visages.

MONSIEUR FLEURANT. On ne doit point ainsi se jouer des remèdes, et me faire perdre mon temps. Je ne suis venu ici que sur une bonne ordonnance, et je vais dire à Monsieur Purgon comme on m'a empêché d'exécuter ses ordres et de faire ma fonction. Vous verrez, vous verrez ...

ARGAN. Mon frère, vous serez cause ici de quelque malheur.

---

2 **la seringue:** (Klistier-)Spritze.

8 f. **remettre qc:** etwas verschieben.

16 **la hardiesse:** Kühnheit; hier: Frechheit, Unverschämtheit.

19 **avoir accoutumé de faire qc:** gewohnt sein, etwas zu tun.

24 **faire sa fonction:** seines Amtes walten, seine Pflicht erfüllen.

BÉRALDE. Le grand malheur de ne pas prendre un lavement que Monsieur Purgon a ordonné. Encore un
coup, mon frère, est-il possible qu'il n'y ait pas moyen
de vous guérir de la maladie des médecins, et que vous
5   vouliez être, toute votre vie, enseveli dans leurs remèdes?

ARGAN. Mon Dieu! mon frère, vous en parlez comme un
homme qui se porte bien; mais, si vous étiez à ma
place, vous changeriez bien de langage. Il est aisé de
10   parler contre la médecine quand on est en pleine
santé.

BÉRALDE. Mais quel mal avez-vous?

ARGAN. Vous me feriez enrager. Je voudrais que vous
l'eussiez mon mal, pour voir si vous jaseriez tant. Ah!
15   voici Monsieur Purgon.

Scène V

Monsieur Purgon. Argan. Béralde. Toinette.

MONSIEUR PURGON. Je viens d'apprendre là-bas, à la
porte, de jolies nouvelles: qu'on se moque ici de mes
20   ordonnances, et qu'on a fait refus de prendre le remède que j'avais prescrit.

ARGAN. Monsieur, ce n'est pas . . .

MONSIEUR PURGON. Voilà une hardiesse bien grande, une
étrange rébellion d'un malade contre son médecin.

25   TOINETTE. Cela est épouvantable.

---

5 **ensevelir qn:** jdn. begraben.
14 **jaser:** (dumm) daherreden, dummes Zeug reden.
21 **prescrire qc:** etwas verschreiben, verordnen.
25 **épouvantable:** ungeheuerlich, entsetzlich.

MONSIEUR PURGON. Un clystère que j'avais pris plaisir à composer moi-même.

ARGAN. Ce n'est pas moi . . .

MONSIEUR PURGON. Inventé et formé dans toutes les règles de l'art.

TOINETTE. Il a tort.

MONSIEUR PURGON. Et qui devait faire dans des entrailles un effet merveilleux.

ARGAN. Mon frère . . .

MONSIEUR PURGON. Le renvoyer avec mépris!

ARGAN. C'est lui . . .

MONSIEUR PURGON. C'est une action exorbitante.

TOINETTE. Cela est vrai.

MONSIEUR PURGON. Un attentat énorme contre la médecine.

ARGAN. Il est cause . . .

MONSIEUR PURGON. Un crime de lèse-Faculté, qui ne se peut assez punir.

TOINETTE. Vous avez raison.

MONSIEUR PURGON. Je vous déclare que je romps commerce avec vous.

ARGAN. C'est mon frère . . .

MONSIEUR PURGON. Que je ne veux plus d'alliance avec vous.

TOINETTE. Vous ferez bien.

MONSIEUR PURGON. Et que, pour finir toute liaison avec

---

2 **composer:** hier: zubereiten, mischen.
10 **le mépris:** Verachtung.
12 **exorbitant, e:** übertrieben, unmäßig; ungeheuerlich.
17 **le crime de lèse-Faculté:** Fakultätsbeleidigung (ironische Bildung nach *la lèse-majesté* ›Majestätsbeleidigung‹).
23 **une alliance:** Verbindung.
26 **la liaison:** Bindung, Verbindung.

vous, voilà la donation que je faisais à mon neveu, en
faveur du mariage.

ARGAN. C'est mon frère qui a fait tout le mal.

MONSIEUR PURGON. Mépriser mon clystère!

5 ARGAN. Faites-le venir, je m'en vais le prendre.

MONSIEUR PURGON. Je vous aurais tiré d'affaire avant qu'il
fût peu.

TOINETTE. Il ne le mérite pas.

MONSIEUR PURGON. J'allais nettoyer votre corps et en éva-
10   cuer entièrement les mauvaises humeurs.

ARGAN. Ah, mon frère!

MONSIEUR PURGON. Et je ne voulais plus qu'une douzaine
de médecines, pour vuider le fond du sac.

TOINETTE. Il est indigne de vos soins.

15 MONSIEUR PURGON. Mais puisque vous n'avez pas voulu
guérir par mes mains.

ARGAN. Ce n'est pas ma faute.

MONSIEUR PURGON. Puisque vous vous êtes soustrait de
l'obéissance que l'on doit à son médecin.

20 TOINETTE. Cela crie vengeance.

MONSIEUR PURGON. Puisque vous vous êtes déclaré rebelle
aux remèdes que je vous ordonnais ...

ARGAN. Hé! point du tout.

MONSIEUR PURGON. J'ai à vous dire que je vous abandonne
25   à votre mauvaise constitution, à l'intempérie de vos

---

1 **la donation:** Schenkung, Vermächtnis.

6f. **avant qu'il fût peu:** binnen kurzem, sehr bald.

13 **vuider** (= *vider*) **qc:** etwas leeren, entfernen.

le fond du sac: hier: den letzten Rest.

14 **indigne:** unwürdig.

18 **se soustraire de** (heute: *à*) **qc:** sich einer Sache entziehen, etwas ver-
weigern.

20 **crier vengeance:** nach Rache schreien, Rache fordern.

entrailles, à la corruption de votre sang, à l'âcreté de
votre bile et à la féculence de vos humeurs.

TOINETTE. C'est fort bien fait.

ARGAN. Mon Dieu!

5 MONSIEUR PURGON. Et je veux qu'avant qu'il soit quatre
jours vous deveniez dans un état incurable.

ARGAN. Ah! miséricorde!

MONSIEUR PURGON. Que vous tombiez dans la bradypepsie.

10 ARGAN. Monsieur Purgon!

MONSIEUR PURGON. De la bradypepsie dans la dyspepsie.

ARGAN. Monsieur Purgon!

MONSIEUR PURGON. De la dyspepsie dans l'apepsie.

ARGAN. Monsieur Purgon!

15 MONSIEUR PURGON. De l'apepsie dans la lienterie ...

ARGAN. Monsieur Purgon!

MONSIEUR PURGON. De la lienterie dans la dysenterie ...

ARGAN. Monsieur Purgon!

MONSIEUR PURGON. De la dysenterie dans l'hydropisie ...

20 ARGAN. Monsieur Purgon!

MONSIEUR PURGON. Et de l'hydropisie dans la privation de
la vie, où vous aura conduit votre folie.

---

1 **la corruption:** hier: Faulen, Fäulnis.
une âcreté: Bitterkeit.
2 **la féculence:** Gärung.
6 **devenir:** hier: (ver)fallen.
incurable: unheilbar.
7 **miséricorde!:** Himmel hilf!, Erbarmen!
8 f. **la bradypepsie:** träge Verdauung.
11 **la dyspepsie:** Verdauungsstörung.
13 **une apepsie:** völlige Verstopfung.
15 **la lienterie:** Magenruhr.
17 **la dysenterie:** Darmruhr.
19 **une hydropisie:** Wassersucht.
21 **la privation:** Verlust.

Scène VI

Argan. Béralde.

ARGAN. Ah, mon Dieu! je suis mort. Mon frère, vous
m'avez perdu.

5 BÉRALDE. Quoi? qu'y a-t-il?

ARGAN. Je n'en puis plus. Je sens déjà que la médecine se
venge.

BÉRALDE. Ma foi! mon frère, vous êtes fou, et je ne voudrais pas, pour beaucoup de choses, qu'on vous vît

10 faire ce que vous faites. Tâtez-vous un peu, je vous
prie, revenez à vous-même, et ne donnez point tant à
votre imagination.

ARGAN. Vous voyez, mon frère, les étranges maladies
dont il m'a menacé.

15 BÉRALDE. Le simple homme que vous êtes!

ARGAN. Il dit que je deviendrai incurable avant qu'il soit
quatre jours.

BÉRALDE. Et ce qu'il dit, que fait-il à la chose? Est-ce un
oracle qui a parlé? Il semble, à vous entendre, que

20 Monsieur Purgon tienne dans ses mains le filet de vos
jours, et que, d'autorité suprême, il vous l'allonge et
vous le raccourcisse comme il lui plaît. Songez que les
principes de votre vie sont en vous-même, et que le
courroux de Monsieur Purgon est aussi peu capable de

25 vous faire mourir que ses remèdes de vous faire vivre.

---

9 **pour beaucoup de choses:** um alles in der Welt.

10 **se tâter:** hier: zur Besinnung kommen, sich fassen.

11 **donner à qc:** hier: sich von etwas beherrschen lassen.

20f. **le filet des jours de qn:** jds. Lebensfaden.

21 **allonger qc:** etwas verlängern.

22 **raccourcir qc:** etwas verkürzen, abkürzen.

24 **le courroux:** Zorn, Wut, Verärgerung.

Voici une aventure, si vous voulez, à vous défaire des médecins, ou, si vous êtes né à ne pouvoir vous en passer, il est aisé d'en avoir un autre, avec lequel, mon frère, vous puissiez courir un peu moins de risque.

ARGAN. Ah! mon frère, il sait tout mon tempérament et la manière dont il faut me gouverner.

BÉRALDE. Il faut vous avouer que vous êtes un homme d'une grand prévention, et que vous voyez les choses avec d'étranges yeux.

Scène VII

Toinette, Argan, Béralde.

TOINETTE. Monsieur, voilà un médecin qui demande à vous voir.

ARGAN. Et quel médecin?

TOINETTE. Un médecin de la médecine.

ARGAN. Je te demande qui il est?

TOINETTE. Je ne le connais pas; mais il me ressemble comme deux gouttes d'eau, et si je n'étais sûre que ma mère était honnête femme, je dirais que ce serait quelque petit frère qu'elle m'aurait donné depuis le trépas de mon père.

ARGAN. Fais-le venir.

BÉRALDE. Vous êtes servi à souhait: un médecin vous quitte, un autre se présente.

---

3 **aisé, e:** einfach, leicht.
6 **gouverner qn:** hier: jdn. behandeln, mit jdm. umgehen.
17 f. **ressembler à qn comme deux gouttes d'eau:** jdm. gleichen wie ein Ei dem anderen.
20 **le trépas:** Tod, Sterben.
23 **à souhait** (*m.*): nach Wunsch.

ARGAN. J'ai bien peur que vous ne soyez cause de quelque
malheur.

BÉRALDE. Encore! vous en revenez toujours là?

ARGAN. Voyez-vous? j'ai sur le cœur toutes ces maladies-
5   là que je ne connais point, ces ...

Scène VIII

Toinette, en médecin. Argan. Béralde.

TOINETTE. Monsieur, agréez que je vienne vous rendre
visite et vous offrir mes petits services pour toutes les
10   saignées et les purgations dont vous aurez besoin.

ARGAN. Monsieur, je vous suis fort obligé. Par ma foi!
voilà Toinette elle-même.

TOINETTE. Monsieur, je vous prie de m'excuser, j'ai
oublié de donner une commission à mon valet; je re-
15   viens tout à l'heure.

ARGAN. Eh! ne diriez-vous pas que c'est effectivement
Toinette?

BÉRALDE. Il est vrai que la ressemblance est tout à fait
grande. Mais ce n'est pas la première fois qu'on a vu de
20   ces sortes de choses, et les histoires ne sont pleines que
de ces jeux de la nature.

ARGAN. Pour moi, j'en suis surpris, et ...

---

4 **avoir qc sur le cœur:** von etwas bekümmert sein, sich um etwas
    sorgen.

8 **agréer qc:** etwas gestatten.

11 **être obligé à qn:** jdm. zu Dank verpflichtet sein.

14 **la commission:** Auftrag.
    le valet: Diener, Bediensteter.

20 **les histoires** *f.:* hier: Geschichtsbücher.

Scène IX

Toinette. Argan. Béralde.

TOINETTE *(quitte son habit de médecin si promptement qu'il est difficile de croire que ce soit elle qui a paru en médecin).* Que voulez-vous, Monsieur?

ARGAN. Comment?

TOINETTE. Ne m'avez-vous pas appelée?

ARGAN. Moi? non.

TOINETTE. Il faut donc que les oreilles m'aient corné.

ARGAN. Demeure un peu ici pour voir comme ce médecin te ressemble.

TOINETTE *(en sortant, dit).* Oui, vraiment, j'ai affaire là-bas, et je l'ai assez vu.

ARGAN. Si je ne les voyais tous deux, je croirais que ce n'est qu'un.

BÉRALDE. J'ai lu des choses surprenantes de ces sortes de ressemblances, et nous en avons vu de notre temps où tout le monde s'est trompé.

ARGAN. Pour moi, j'aurais été trompé à celle-là, et j'aurais juré que c'est la même personne.

Scène X

Toinette, en médecin. Argan. Béralde.

TOINETTE. Monsieur, je vous demande pardon de tout mon cœur.

ARGAN. Cela est admirable!

---

3 **quitter qc:** hier: etwas ausziehen, ablegen.
  un habit: Kostüm, Robe.
9 **corner:** hier: klingen.
25 **admirable:** hier: unglaublich, erstaunlich.

TOINETTE. Vous ne trouverez pas mauvais, s'il vous plaît, la curiosité que j'ai eue de voir un illustre malade comme vous êtes; et votre réputation, qui s'étend partout, peut excuser la liberté que j'ai prise.

5 ARGAN. Monsieur, je suis votre serviteur.

TOINETTE. Je vois, Monsieur, que vous me regardez fixement. Quel âge croyez-vous bien que j'aie?

ARGAN. Je crois que tout au plus vous pouvez avoir vingt-six ou vingt-sept ans.

10 TOINETTE. Ah, ah, ah, ah, ah! j'en ai quatre-vingt-dix.

ARGAN. Quatre-vingt-dix?

TOINETTE. Oui. Vous voyez un effet des secrets de mon art, de me conserver ainsi frais et vigoureux.

ARGAN. Par ma foi! voilà un beau jeune vieillard pour
15 quatre-vingt-dix ans.

TOINETTE. Je suis médecin passager, qui vais de ville en ville, de province en province, de royaume en royaume, pour chercher d'illustres matières à ma capacité, pour trouver des malades dignes de m'occuper,
20 capables d'exercer les grands et beaux secrets que j'ai trouvés dans la médecine. Je dédaigne de m'amuser à ce menu fatras de maladies ordinaires, à ces bagatelles de rhumatismes et défluxions, à ces fiévrottes, à ces

---

6f. **fixement** (adv.): unverwandt, unentwegt, durchdringend.
8 **tout au plus:** höchstens.
14 **le vieillard:** Greis.
16 **passager, ère:** umherziehend, reisend.
17 **le royaume:** Königreich.
18 **la matière:** hier: Gegenstand, Aufgabe.
18f. **la capacité:** Fähigkeit, Können.
21 **dédaigner de faire qc:** verachten, ablehnen, etwas zu tun.
22 **le fratras:** (Klein-)Kram.
23 **la défluxion:** Katarrh.
   la fiévrotte: Fieberchen.

vapeurs, et à ces migraines. Je veux des maladies d'importance: de bonnes fièvres continues avec des transports au cerveau, de bonnes fièvres pourprées, de bonnes pestes, de bonnes hydropisies formées, de bonnes pleurésies avec des inflammations de poitrine: c'est là que je me plais, c'est là que je triomphe; et je voudrais, Monsieur, que vous eussiez toutes les maladies que je viens de dire, que vous fussiez abandonné de tous les médecins, désespéré, à l'agonie, pour vous montrer l'excellence de mes remèdes, et l'envie que j'aurais de vous rendre service.

ARGAN. Je vous suis obligé, Monsieur, des bontés que vous avez pour moi.

TOINETTE. Donnez-moi votre pouls. Allons donc, que l'on batte comme il faut. Ahy, je vous ferai bien aller comme vous devez. Hoy, ce pouls-là fait l'impertinent: je vois bien que vous ne me connaissez pas encore. Qui est votre médecin?

ARGAN. Monsieur Purgon.

TOINETTE. Cet homme-là n'est point écrit sur mes tablettes entre les grands médecins. De quoi dit-il que vous êtes malade?

ARGAN. Il dit que c'est du foie, et d'autres disent que c'est de la rate.

---

1 **les vapeurs** f.: Dämpfe, Blähungen. Man glaubte, daß sie, wenn sie zum Gehirn aufsteigen, hysterische Launen und Nervenleiden hervorrufen.

2 f. **le transport au cerveau:** Fieberwahn, Delirium.

3 **la fièvre pourprée:** Scharlachfieber.

4 **formé, e:** voll entwickelt, ausgebildet, ausgereift.

5 **la pleurésie:** Brustfellentzündung.
  une inflammation: Entzündung.

9 **une agonie:** Todeskampf.

20 f. **la tablette:** Register, Liste.

TOINETTE. Ce sont tous des ignorants: c'est du poumon
que vous êtes malade.

ARGAN. Du poumon?

TOINETTE. Oui. Que sentez-vous?

5 ARGAN. Je sens de temps en temps des douleurs de tête.

TOINETTE. Justement, le poumon.

ARGAN. Il me semble parfois que j'ai un voile devant les
yeux.

TOINETTE. Le poumon.

10 ARGAN. J'ai quelquefois des maux de cœur.

TOINETTE. Le poumon.

ARGAN. Je sens parfois des lassitudes par tous les mem-
bres.

TOINETTE. Le poumon.

15 ARGAN. Et quelquefois il me prend des douleurs dans le
ventre, comme si c'était des coliques.

TOINETTE. Le poumon. Vous avez appétit à ce que vous
mangez?

ARGAN. Oui, Monsieur.

20 TOINETTE. Le poumon. Vous aimez à boire un peu de
vin?

ARGAN. Oui, Monsieur.

TOINETTE. Le poumon. Il vous prend un petit sommeil
après le repas et vous êtes bien aise de dormir?

25 ARGAN. Oui, Monsieur.

TOINETTE. Le poumon, le poumon, vous dis-je. Que vous
ordonne votre médecin pour votre nourriture?

ARGAN. Il m'ordonne du potage.

---

1 **le poumon:** Lunge.
10 **les maux de cœur:** Übelkeit, Brechreiz.
12 **la lassitude:** Erschöpfung, Schwächegefühl.
28 **le potage:** Suppe.

TOINETTE. Ignorant.

ARGAN. De la volaille.

TOINETTE. Ignorant.

ARGAN. Du veau.

TOINETTE. Ignorant.

ARGAN. Des bouillons.

TOINETTE. Ignorant.

ARGAN. Des œufs frais.

TOINETTE. Ignorant.

ARGAN. Et le soir de petits pruneaux pour lâcher le ventre.

TOINETTE. Ignorant.

ARGAN. Et surtout de boire mon vin fort trempé.

TOINETTE. *Ignorantus, ignoranta, ignorantum.* Il faut boire votre vin pur; et pous épaissir votre sang qui est trop subtil, il faut manger de bon gros bœuf, de bon gros porc, de bon fromage de Hollande, du gruau et du riz, et des marrons et des oublies, pour coller et conglutiner. Votre médecin est une bête. Je veux vous en envoyer un de ma main, et je viendrai vous voir de temps en temps, tandis que je serai en cette ville.

---

2 **la volaille:** Geflügel.

10 **le pruneau:** Backpflaume.
   lâcher: hier: entleeren, freimachen, erleichtern.

13 **tremper:** mit Wasser mischen, verdünnen.

14 **ignorantus, ignoranta, ignorantum** (lat.): unwissend, dumm.

16 **subtil, e:** hier: dünn(flüssig).
   le gros bœuf: fettes, durchwachsenes Rindfleisch.

17 **le gruau:** Grütze.

18 **le marron:** Eßkastanie, Marone.
   une oublie: Oblate.
   coller: hier: verkleben, zusammenhalten.

18 f. **conglutiner:** andicken, binden.

20 **de ma main:** aus meiner Schule; von mir ausgebildet.

ARGAN. Vous m'obligez beaucoup.

TOINETTE. Que diantre faites-vous de ce bras-là?

ARGAN. Comment?

TOINETTE. Voilà un bras que je me ferais couper tout à
5   l'heure, si j'étais que de vous.

ARGAN. Et pourquoi?

TOINETTE. Ne voyez-vous pas qu'il tire à soi toute la nourriture, et qu'il empêche ce côté-là de profiter?

ARGAN. Oui; mais j'ai besoin de mon bras.

10   TOINETTE. Vous avez là aussi un œil droit que je me ferais
crever, si j'étais en votre place.

ARGAN. Crever un œil?

TOINETTE. Ne voyez-vous pas qu'il incommode l'autre, et
lui dérobe sa nourriture? Croyez-moi, faites-vous-le
15   crever au plus tôt, vous en verrez plus clair de l'œil
gauche.

ARGAN. Cela n'est pas pressé.

TOINETTE. Adieu. Je suis fâché de vous quitter si tôt; mais
il faut que je me trouve à une grande consultation qui
20   se doit faire pour un homme qui mourut hier.

ARGAN. Pour un homme qui mourut hier?

TOINETTE. Oui, pour aviser, et voir ce qu'il aurait fallu lui
faire pour le guérir. Jusqu'au revoir.

ARGAN. Vous savez que les malades ne reconduisent
25   point.

---

2 **diantre:** zum Teufel!
11 **crever qc:** etwas ausstechen.
13 **incommoder qc:** etwas beeinträchtigen, behindern.
19 **la consultation:** Konsultation (Beratung mehrerer Ärzte über einen
Krankheitsfall).
22 **aviser:** hier: beraten, überlegen.
24 **reconduire qn:** jdn. hinausbegleiten.

BÉRALDE. Voilà un médecin vraiment qui paraît fort habile.

ARGAN. Oui, mais il va un peu bien vite.

BÉRALDE. Tous les grands médecins sont comme cela.

ARGAN. Me couper un bras, et me crever un œil, afin que l'autre se porte mieux? J'aime bien mieux qu'il ne se porte pas si bien. La belle opération, de me rendre borgne et manchot!

Scène XI

Toinette. Argan. Béralde.

TOINETTE. Allons, allons, je suis votre servante, je n'ai pas envie de rire.

ARGAN. Qu'est-ce que c'est?

TOINETTE. Votre médecin, ma foi! qui me voulait tâter le pouls.

ARGAN. Voyez un peu, à l'âge de quatre-vingt-dix ans!

BÉRALDE. Oh ça, mon frère, puisque voilà votre Monsieur Purgon brouillé avec vous, ne voulez-vous pas bien que je vous parle du parti qui s'offre pour ma nièce?

ARGAN. Non, mon frère: je veux la mettre dans un convent, puisqu'elle s'est opposée à mes volontés. Je vois bien qu'il y a quelque amourette là-dessous, et j'ai

---

8 **borgne:** einäugig.
  manchot, e: einarmig.
12 **rire:** hier: spaßen, schäkern.
18 **être brouillé, e avec qn:** mit jdm. zerstritten sein, sich mit jdm. entzweit haben.
23 **une amourette:** Liebschaft, Liebelei.

découvert certaine entrevue secrète, qu'on ne sait pas
que j'aie découverte.

BÉRALDE. Hé bien! mon frère, quand il y aurait quelque
petite inclination, cela serait-il si criminel, et rien peut-
il vous offenser, quand tout ne va qu'à des choses honnêtes comme le mariage?

ARGAN. Quoi qu'il en soit, mon frère, elle sera religieuse,
c'est une chose résolue.

BÉRALDE. Vous voulez faire plaisir à quelqu'un.

ARGAN. Je vous entends: vous en revenez toujours là, et
ma femme vous tient au cœur.

BÉRALDE. Hé bien! oui, mon frère, puisqu'il faut parler à
cœur ouvert, c'est votre femme que je veux dire; et
non plus que l'entêtement de la médecine, je ne puis
vous souffrir l'entêtement où vous êtes pour elle, et
voir que vous donniez tête baissée dans tous les pièges
qu'elle vous tend.

TOINETTE. Ah! Monsieur, ne parlez point de Madame:
c'est une femme sur laquelle il n'y a rien à dire, une
femme sans artifice, et qui aime Monsieur, qui l'aime
. . . on ne peut pas dire cela.

ARGAN. Demandez-lui un peu les caresses qu'elle me fait.

TOINETTE. Cela est vrai.

ARGAN. L'inquiétude que lui donne ma maladie.

---

5 **offenser qn:** jdn. kränken, jdm. schaden.
7 **quoi qu'il en soit:** wie dem auch sei.
11 **tenir au cœur:** am Herzen liegen, besonders wichtig sein.
12f. **à cœur ouvert:** offen, frei heraus.
14 **un entêtement de qc:** Versessenheit auf etwas, Vernarrtheit in etwas.
16 **donner dans un piège:** in eine Falle tappen, gehen.
    tête baissée: blindlings, mit geschlossenen Augen, geradewegs.
16f. **tendre un piège à qn:** jdm. eine Falle stellen.
20 **un artifice:** Falsch(heit), Arglist.
22 **la caresse:** Streicheln, Liebkosung.

TOINETTE. Assurément.

ARGAN. Et les soins et les peines qu'elle prend autour de moi.

TOINETTE. Il est certain. Voulez-vous que je vous convainque, et vous fasse voir tout à l'heure comme Madame aime Monsieur? Monsieur, souffrez que je lui montre son bec jaune, et le tire d'erreur.

ARGAN. Comment?

TOINETTE. Madame s'en va revenir. Mettez-vous tout étendu dans cette chaise, et contrefaites le mort. Vous verrez la douleur où elle sera, quand je lui dirai la nouvelle.

ARGAN. Je le veux bien.

TOINETTE. Oui; mais ne la laissez pas longtemps dans le désespoir, car elle en pourrait bien mourir.

ARGAN. Laisse-moi faire.

TOINETTE (*à Béralde*). Cachez-vous, vous, dans ce coin-là.

ARGAN. N'y a-t-il point quelque danger à contrefaire le mort?

TOINETTE. Non, non: quel danger y aurait-il? Étendez-vous là seulement. (*Bas.*) Il y aura plaisir à confondre votre frère. Voici Madame. Tenez-vous bien.

6f. **montrer à qn son bec jaune:** jdn. eines Besseren belehren.
22 **confondre qn:** jdn. verblüffen, widerlegen.

Scène XII

Béline. Toinette. Argan. Béralde.

TOINETTE *(s'écrie)*. Ah, mon Dieu! Ah, malheur! Quel
étrange accident!

5 BÉLINE. Qu'est-ce, Toinette?

TOINETTE. Ah, Madame!

BÉLINE. Qu'y a-t-il?

TOINETTE. Votre mari est mort.

BÉLINE. Mon mari est mort?

10 TOINETTE. Hélas! oui. Le pauvre défunt est trépassé.

BÉLINE. Assurément?

TOINETTE. Assurément. Personne ne sait encore cet acci-
dent-là, et je me suis trouvée ici toute seule. Il vient de
passer entre mes bras. Tenez, le voilà tout de son long

15   dans cette chaise.

BÉLINE. Le Ciel en soit loué! Me voilà délivrée d'un grand
fardeau. Que tu es sotte, Toinette, de t'affliger de
cette mort!

TOINETTE. Je pensais, Madame, qu'il fallût pleurer.

20 BÉLINE. Va, va, cela n'en vaut pas la peine. Quelle perte
est-ce que la sienne? et de quoi servait-il sur la terre?
Un homme incommode à tout le monde, malpropre,
dégoûtant, sans cesse un lavement ou une médecine

---

10 **le défunt:** Verstorbener.
   trépasser: (ver)sterben, verscheiden.
14 **passer:** hier: sterben.
16 **être délivré, e de qc:** von etwas befreit sein, etwas los sein.
17 **le fardeau:** Last, Bürde.
   s'affliger de qc: über etwas traurig sein, betrübt sein.
22 **incommode:** unbequem, lästig.
   malpropre: unsauber, schmutzig.
23 **dégoûtant, e:** abstoßend, ekelhaft.

dans le ventre, mouchant, toussant, crachant toujours, sans esprit, ennuyeux, de mauvaise humeur,
fatiguant sans cesse les gens, et grondant jour et nuit
servantes et valets.

TOINETTE. Voilà une belle oraison funèbre.

BÉLINE. Il faut, Toinette, que tu m'aides à exécuter mon
dessein, et tu peux croire qu'en me servant ta récom-
pense est sûre. Puisque, par un bonheur, personne
n'est encore averti de la chose, portons-le dans son lit,
et tenons cette mort cachée, jusqu'à ce que j'aie fait
mon affaire. Il y a des papiers, il y a de l'argent dont je
me veux saisir, et il n'est pas juste que j'aie passé sans
fruit auprès de lui mes plus belles années. Viens, Toinette, prenons auparavant toutes ses clefs.

ARGAN *(se levant brusquement)*. Doucement.

BÉLINE *(surprise et épouvantée)*. Ahy!

ARGAN. Oui, Madame ma femme, c'est ainsi que vous
m'aimez?

TOINETTE. Ah, ah! le défunt n'est pas mort.

ARGAN *(à Béline, qui sort)*. Je suis bien aise de voir votre
amitié, et d'avoir entendu le beau panégyrique que
vous avez fait de moi. Voilà un avis au lecteur qui me
rendra sage à l'avenir, et qui m'empêchera de faire
bien des choses.

---

1 **moucher**: schneuzen.

3 **gronder qn**: jdn. schelten, mit jdm. schimpfen.

5 **une oraison funèbre**: Leichenrede, Grabrede (*funèbre*: Grab-,
Toten-).

11f. **se saisir de qc**: etwas in seinen Besitz bringen, sich etwas aneignen.

12f. **sans fruit**: ohne Lohn, Nutzen.

14 **auparavant**: zuvor; hier: als nächstes, sofort.

16 **épouvanté, e**: entsetzt.

21 **le panégyrique**: Lobrede.

22 **un avis au lecteur**: Vorwort eines Buches; hier: Warnung, Mahnung;
Lehre (*un avis*: Hinweis).

BÉRALDE *(sortant de l'endroit où il était caché)*. Hé bien!
mon frère, vous le voyez.

TOINETTE. Par ma foi! je n'aurais jamais cru cela. Mais
j'entends votre fille: remettez-vous comme vous étiez,
5 et voyons de quelle manière elle recevra votre mort.
C'est une chose qu'il n'est pas mauvais d'éprouver; et
puisque vous êtes en train, vous connaîtrez par là les
sentiments que votre famille a pour vous.

Scène XIII

10 *Angélique. Argan. Toinette, Béralde.*

TOINETTE *(s'écrie)*. Ô Ciel! ah, fâcheuse aventure! Malheureuse journée!

ANGÉLIQUE. Qu'as-tu, Toinette, et de quoi pleures-tu?

TOINETTE. Hélas! j'ai de tristes nouvelles à vous donner.

15 ANGÉLIQUE. Hé quoi?

TOINETTE. Votre père est mort.

ANGÉLIQUE. Mon père est mort, Toinette?

TOINETTE. Oui; vous le voyez là. Il vient de mourir tout à
l'heure d'une faiblesse qui lui a pris.

20 ANGÉLIQUE. Ô Ciel! quelle infortune! quelle atteinte
cruelle! Hélas! faut-il que je perde mon père, la seule
chose qui me restait au monde? et qu'encore, pour
un surcroît de désespoir, je le perde dans un moment
où il était irrité contre moi? Que deviendrai-je, mal-
25 heureuse, et quelle consolation trouver après une si
grande perte?

---

20 **une infortune:** Unglück.
    une atteinte: Schlag.
22 f. **pour un surcroît de désespoir:** um das Unglück voll zu machen (*le
    surcroît:* Gipfel).
24 **irrité, e contre:** verärgert, ärgerlich über.

Scène XIV et dernière

Cléante. Angélique. Argan. Toinette. Béralde.

CLÉANTE. Qu'avez-vous donc, belle Angélique? et quel malheur pleurez-vous?

ANGÉLIQUE. Hélas! je pleure tout ce que dans la vie je pouvais perdre de plus cher et de plus précieux: je pleure la mort de mon père.

CLÉANTE. Ô Ciel! quel accident! quel coup inopiné! Hélas! après la demande que j'avais conjuré votre oncle de lui faire pour moi, je venais me présenter à lui, et tâcher par mes respects et par mes prières de disposer son cœur à vous accorder à mes vœux.

ANGÉLIQUE. Ah! Cléante, ne parlons plus de rien. Laissons là toutes les pensées du mariage. Après la perte de mon père, je ne veux plus être du monde, et j'y renonce pour jamais. Oui, mon père, si j'ai résisté tantôt à vos volontés, je veux suivre du moins une de vos intentions, et réparer par-là le chagrin que je m'accuse de vous avoir donné. Souffrez, mon père, que je vous en donne ici ma parole, et que je vous embrasse pour vous témoigner mon ressentiment.

ARGAN *(se lève)*. Ah, ma fille!

ANGÉLIQUE *(épouvantée)*. Ahy!

ARGAN. Viens. N'aie point de peur, je ne suis pas mort. Va, tu es mon vrai sang, ma véritable fille; et je suis ravi d'avoir vu ton bon naturel.

ANGÉLIQUE. Ah! quelle surprise agréable, mon père!

---

11 **le respect:** hier: Hochachtung, Ehrerbietung, Ehrerweisung.
11 f. **disposer qn à faire qc:** jdn. dazu bewegen, etwas zu tun; jdn. für etwas geneigt machen.
12 **le vœu:** Wunsch, Verlangen.
21 **le ressentiment:** hier: Schmerz, Trauer, Reue.

Puisque par un bonheur extrême le Ciel vous redonne
à mes vœux, souffrez qu'ici je me jette à vos pieds pour
vous supplier d'une chose. Si vous n'êtes pas favorable
au penchant de mon cœur, si vous me refusez Cléante
5 pour époux, je vous conjure au moins de ne me point
forcer d'en épouser un autre. C'est toute la grâce que
je vous demande.

CLÉANTE *(se jette à genoux)*. Eh! Monsieur, laissez-vous
toucher à ses prières et aux miennes, et ne vous mon-
10 trez point contraire aux mutuels empressements d'une
si belle inclination.

BÉRALDE. Mon frère, pouvez-vous tenir là contre?

TOINETTE. Monsieur, serez-vous insensible à tant d'a-
mour?

15 ARGAN. Qu'il se fasse médecin, je consens au mariage.
Oui, faites-vous médecin, je vous donne ma fille.

CLÉANTE. Très volontiers, Monsieur: s'il ne tient qu'à cela
pour être votre gendre, je me ferai médecin, apothicaire même, si vous voulez. Ce n'est pas une affaire
20 que cela, et je ferais bien d'autres choses pour obtenir
la belle Angélique.

BÉRALDE. Mais, mon frère, il me vient une pensée: faites-
vous médecin vous-même. La commodité sera encore
plus grande, d'avoir en vous tout ce qu'il vous faut.

25 TOINETTE. Cela est vrai. Voilà le vrai moyen de vous guérir bientôt; et il n'y a point de maladie si osée, que de se
jouer à la personne d'un médecin.

---

3 f. **être favorable à qc:** einer Sache wohlgesonnen sein, etwas gutheißen.

4 **le penchant:** Neigung, Liebe.

9 f. **se montrer contraire à qc:** sich einer Sache entgegenstellen, etwas
ablehnen.

12 **tenir contre qc:** einer Sache widerstehen, hart bleiben.

23 **la commodité:** hier: Vorteil, Nutzen.

26 **osé, e:** kühn, verwegen.

ARGAN. Je pense, mon frère, que vous vous moquez de moi: est-ce que je suis en âge d'étudier?

BÉRALDE. Bon, étudier! Vous êtes assez savant; et il y en a beaucoup parmi eux qui ne sont pas plus habiles que vous.

ARGAN. Mais il faut savoir bien parler latin, connaître les maladies, et les remèdes qu'il y faut faire.

BÉRALDE. En recevant la robe et le bonnet de médecin, vous apprendrez tout cela, et vous serez après plus habile que vous ne voudrez.

ARGAN. Quoi? l'on sait discourir sur les maladies quand on a cet habit-là?

BÉRALDE. Oui. L'on n'a qu'à parler avec une robe et un bonnet, tout galimatias devient savant, et toute sottise devient raison.

TOINETTE. Tenez, Monsieur, quand il n'y aurait que votre barbe, c'est déjà beaucoup, et la barbe fait plus de la moitié d'un médecin.

CLÉANTE. En tout cas, je suis prêt à tout.

BÉRALDE. Voulez-vous que l'affaire se fasse tout à l'heure?

ARGAN. Comment tout à l'heure?

BÉRALDE. Oui, et dans votre maison.

ARGAN. Dans ma maison?

BÉRALDE. Oui. Je connais une Faculté de mes amies, qui viendra tout à l'heure en faire la cérémonie dans votre salle. Cela ne vous coûtera rien.

ARGAN. Mais moi, que dire, que répondre?

---

8 **la robe:** Robe, Gewand.
  le bonnet de médecin: Doktorhut.
11 **discourir sur qc:** über etwas reden, debattieren.
27 **la salle:** hier: Empfangshalle, Eingangshalle.

BÉRALDE. On vous instruira en deux mots, et l'on vous
donnera par écrit ce que vous devez dire. Allez-vous-
en vous mettre en habit décent, je vais les envoyer
querir.

5 ARGAN. Allons, voyons cela.

CLÉANTE. Que voulez-vous dire, et qu'entendez-vous
avec cette Faculté de vos amies ...?

TOINETTE. Quel est donc votre dessein?

BÉRALDE. De nous divertir un peu ce soir. Les comédiens
10 ont fait un petit intermède de la réception d'un médecin, avec des danses et de la musique; je veux que nous
en prenions ensemble le divertissement, et que mon
frère y fasse le premier personnage.

ANGÉLIQUE. Mais mon oncle, il me semble que vous vous
15 jouez un peu beaucoup de mon père.

BÉRALDE. Mais, ma nièce, ce n'est pas tant le jouer, que
s'accommoder à ses fantaisies. Tout ceci n'est qu'entre
nous. Nous y pouvons aussi prendre chacun un personnage, et nous donner ainsi la comédie les uns aux au-
20 tres. Le carnaval autorise cela. Allons vite préparer
toutes choses.

CLÉANTE *(à Angélique)*. Y consentez-vous?

ANGÉLIQUE. Oui, puisque mon oncle nous conduit.

---

3 **décent, e:** angemessen, schicklich.
10 **un intermède:** (komisches) Intermezzo, Zwischenspiel; kleines Theaterstück.
10f. **la réception d'un médecin:** Verleihung der medizinischen Doktorwürde.
12 **prendre le divertissement de qc:** sich von etwas unterhalten lassen;
sich mit etwas vergnügen.
13 **faire le premier personnage:** die Hauptrolle spielen.
17 **s'accommoder à qc:** sich auf etwas einlassen, sich an etwas anpassen.
20 **le carnaval:** Karneval (die 1. Aufführung des Stücks fand mitten im
Karneval, am 10. Februar 1673, statt).

Troisième Intermède

*C'est une cérémonie burlesque d'un homme qu'on fait
médecin en récit, chant, et danse.*

Entrée de Ballet

Plusieurs tapissiers viennent préparer la salle et placer les bancs
en cadence; ensuite de quoi toute l'assemblée (composée de
huit porte-seringues, six apothicaires, vingt-deux docteurs,
celui qui se fait recevoir médecin, huit chirurgiens dansants, et
deux chantants) entre, et prend ses places, selon les rangs.

PRÆSES.

> *Sçavantissimi doctores,*
> *Medicinae professores,*
> *Qui hic assemblati estis,*
> *Et vos, altri Messiores,*
> *Sententiarum Facultatis*
> *Fideles executores,*
> *Chirurgiani et apothicari,*
> *Atque tota compania aussi,*
> *Salus, honor, et argentum,*
> *Atque bonum appetitum.*
>
> *Non possum, docti Confreri,*
> *En moi satis admirari*

---

1 **Troisième Intermède:** Im folgenden ist auf eine Glossierung verzichtet worden, vgl. »Editorische Notiz«.

Qualis bona inventio
Est medici professio,
Quam bella chosa est, et bene trovata,
Medicina illa benedicta,
Quae suo nomine solo,
Surprenanti miraculo,
Depuis si longo tempore,
Facit à gogo vivere
Tant de gens omni genere.

Per totam terram videmus
Grandam vogam ubi sumus,
Et quod grandes et petiti
Sunt de nobis infatuti.
Totus mundus, currens ad nostros remedios,
Nos regardat sicut Deos;
Et nostris ordonnanciis
Principes et reges soumissos videtis.

Donque il est nostrae sapientiae,
Boni sensus atque prudentiae,
De fortement travaillare
À nos bene conservare
In tali credito, voga, et honore,
Et prandere gardam à non recevere
In nostro docto corpore
Quam personas capabiles,
Et totas dignas ramplire
Has plaças honorabiles.

C'est pour cela que nunc convocati estis:
Et credo quod trovabitis
Dignam matieram medici
In sçavanti homine que voici,

> *Lequel, in chosis omnibus,*
> *Dono ad interrogandum,*
> *Et à fond examinandum*
> *Vostris capacitatibus.*

PRIMUS DOCTOR.

> *Si mihi licenciam dat Dominus Praeses,*
> *Et tanti docti Doctores,*
> *Et assistantes illustres,*
> *Très sçavanti Bacheliero,*
> *Quem estimo et honoro,*
> *Domandabo causam et rationem quare*
> *Opium facit dormire.*

BACHELIERUS.

> *Mihi a docto Doctore*
> *Domandatur causam et rationem quare*
> *Opium facit dormire:*
> *À quoi respondeo,*
> *Quia est in eo*
> *Virtus dormitiva,*
> *Cujus est natura*
> *Sensus assoupire.*

CHORUS.

> *Bene, bene, bene, bene respondere:*
> *Dignus, dignus est entrare*
> *In nostro docto corpore.*

SECUNDUS DOCTOR.

> *Cum permissione Domini Praesidis,*
> *Doctissimae Facultatis,*
> *Et totius his nostris actis*
> *Companiae assistantis,*

Domandabo tibi, docte Bacheliere,
    Quae sunt remedia
    Quae in maladia
    Ditte hydropisia
    Convenit facere.

BACHELIERUS.

    Clysterium donare,
    Postea seignare,
    Ensuitta purgare.

CHORUS.

Bene, bene, bene, bene respondere:
    Dignus, dignus est entrare
    In nostro docto corpore.

TERTIUS DOCTOR.

Si bonum semblatur Domino Praesidi,
    Doctissimae Facultati,
    Et companiae praesenti,
Domandabo tibi, docte Bacheliere,
    Quae remedia eticis,
    Pulmonicis, atque asmaticis,
    Trovas à propos facere.

BACHELIERUS.

    Clysterium donare,
    Postea seignare,
    Ensuitta purgare.

CHORUS.

Bene, bene, bene, bene respondere:
    Dignus, dignus est entrare
    In nostro docto corpore.

QUARTUS DOCTOR.

> *Super illas maladias*
> *Doctus Bachelierus dixit maravillas*
> *Mais si non ennuyo Dominum Praesidem,*
>> *Doctissimam Facultatem,*
>> *Et totam honorabilem*
>> *Companiam ecoutantem,*
> *Faciam illi unam quaestionem.*
>> *De hiero maladus unus*
>> *Tombavit in meas manus:*
> *Habet grandam fievram cum redoublamentis,*
>> *Grandam dolorem capitis,*
>> *Et grandum malum au costé,*
>> *Cum granda difficultate*
>> *Et pena de respirare:*
>>> *Veillas mihi dire,*
>>> *Docte Bacheliere,*
>>> *Quid illi facere?*

BACHELIERUS.

>> *Clysterium donare,*
>> *Postea seignare,*
>> *Ensuitta purgare.*

QUINTUS DOCTOR.

>> *Mais si maladia*
>> *Opiniatria*
>> *Non vult se garire,*
>> *Quid illi facere?*

BACHELIERUS.

>> *Clysterium donare,*
>> *Postea seignare,*
>> *Ensuitta purgare.*

CHORUS.

> *Bene, bene, bene, bene respondere:*
> *Dignus, dignus est entrare*
> *In nostro docto corpore.*

PRÆSES.

> *Juras gardare statuta*
> *Per Facultatem praescripta*
> *Cum sensu et jugeamento?*

BACHELIERUS.

> *Juro.*

PRÆSES.

> *Essere, in omnibus*
> *Consultationibus,*
> *Ancieni aviso,*
>> *Aut bono,*
>> *Aut mauvaiso?*

BACHELIERUS.

> *Juro.*

PRÆSES.

> *De non jamais te servire*
> *De remediis aucunis*
> *Quam de ceux seulement doctae Facultatis,*
> *Maladus dust-il crevare,*
> *Et mori de suo malo?*

BACHELIERUS.

> *Juro.*

PRÆSES.

> *Ego, cum isto boneto*
> *Venerabili et docto,*
> *Dono tibi et concedo*
> *Virtutem et puissanciam*
> > *Medicandi,*
> > *Purgandi,*
> > *Seignandi,*
> > *Perçandi,*
> > *Taillandi,*
> > *Coupandi.*
> > *Et occidendi*
> *Impune per totam terram.*

Entrée de Ballet

Tous les Chirurgiens et Apothicaires viennent lui faire la révérence en cadence.

BACHELIERUS.

> *Grandes doctores doctrinae*
> *De la rhubarbe et du séné,*
> *Ce serait sans douta à moi chosa folla,*
> *Inepta et ridicula,*
> *Si j'alloibam m'engageare*
> *Vobis louangeas donare,*
> *Et entreprenoibam adjoutare*
> *Des lumieras au soleillo,*
> *Et des étoilas au cielo,*
> *Des ondas à l'Oceano,*
> *Et des rosas au printanno.*

Agreate qu'avec uno moto
  Pro toto remercimento,
Rendam gratiam corpori tam docto.
    Vobis, vobis debeo
Bien plus qu'à naturae et qu'à patri meo:
    Natura et pater meus
    Hominem me habent factum;
  Mais vos me, ce qui est bien plus,
    Avetis factum medicum,
    Honor, favor, et gratia
    Qui, in hoc corde que voilà,
    Imprimant ressentimenta
    Qui dureront in secula.

CHORUS.

Vivat, vivat, vivat, vivat, cent fois vivat,
  Novus Doctor, qui tam bene parlat!
Mille, mille annis et manget et bibat,
      Et seignet et tuat!

Entrée de Ballet

Tous les Chirurgiens et les Apothicaires dansent au son des
instruments et des voix, et des battements de mains, et des
mortiers d'apothicaires.

CHIRURGUS.

    Puisse-t-il voir doctas
    Suas ordonnancias
    Omnium chirurgorum
    Et apothiquarum
      Remplire boutiquas!

CHORUS.

> *Vivat, vivat, vivat, vivat, cent fois vivat,*
> *Novus Doctor, qui tam bene parlat!*
> *Mille, mille annis et manget et bibat,*
>   *Et seignet et tuat!*

CHIRURGUS.

> *Puissent toti anni*
> *Lui essere boni*
> *Et favorabiles,*
> *Et n'habere jamais*
> *Quam pestas, verolas,*
> *Fievras, pluresias,*
> *Fluxus de sang, et dyssenterias!*

CHORUS.

> *Vivat, vivat, vivat, vivat, cent fois vivat*
> *Novus Doctor, qui tam bene parlat!*
> *Mille, mille annis et manget et bibat,*
>   *Et seignet et tuat!*

Dernière entrée de Ballet

Editorische Notiz

Der französische Text folgt der Ausgabe: Molière, *Œuvres complètes*, textes établis, présentés et annotés par Georges Couton, Bd. 2, Paris: Gallimard, 1971 (Bibliothèque de la Pléiade, 9). Diese Ausgabe enthält auch den Prolog und die drei »intermèdes« (Zwischenspiele mit Gesang und Tanz), die ursprünglich fester Bestandteil der Aufführung waren: Die Komödie wird eröffnet mit einem heiteren, ländlichen Hirtenspiel zum Lobpreis Ludwigs XIV. (1673 entstanden, wurde sie im Folgejahr, als der König Molière seine Gunst entzog, gegen die einsame Klage einer Schäferin ausgetauscht); das erste »intermède«, zwischen erstem und zweitem Akt, zeigt Polichinelle, den Hanswurst der Commedia dell'arte, bei einem erfolglosen galanten Abenteuer, im zweiten »intermède« singen und tanzen Mohren zum Lob der Jugend und der Liebe.

Diese Stücke sind in die vorliegende Ausgabe nicht übernommen worden, da sie inhaltlich ohne jede Beziehung zur Komödienhandlung sind. Allerdings ist das zweite Zwischenspiel formal mit ihr verbunden: Es ist Theater im Theater, zu seinen Zuschauern gehören – wie das Ende des zweiten Aktes zeigt – auch Béralde und sein Bruder, der eingebildete Kranke. Auf eine solche Weise ist auch das dritte »intermède« in den vorangehenden dritten Akt integriert. Darüber hinaus aber ist es auch inhaltlich mit ihm verbunden. Es zeigt die Verleihung der medizinischen Doktorwürde an den Protagonisten und bringt so die Komödienhandlung auf einer weiteren Ebene zu einem spielerischen Abschluß. Aus diesem Grund ist das letzte »intermède« hier abgedruckt. Allerdings mußte auf eine Glossierung verzichtet werden: Das hier gesprochene verballhornte, französisierte Latein hätte allzu zahlreiche und im einzelnen zu umständliche Erläuterungen erfordert. Die Szene soll dem Interessierten Einblick in die Sprachkomik Molières ermöglichen; die Karikatur des medizinischen Kauderwelschs ist jedoch zum Verständnis der eigentlichen Komödienhandlung nicht unerläßlich.

Das Glossar enthält alle Wörter, die nicht im *Dictionnaire fondamental de la langue française* von Georges Gougenheim (Paris: Marcel Didier, 1958) verzeichnet sind. Im Zweifelsfall wurde großzügig verfahren, d. h., auch eine dort aufgenommene Vokabel ist hier zusätzlich erläutert, sofern sie sich nicht im Abschnitt »Grundwortschatz« des *Grund- und Aufbauwortschatz Französisch*, bearbeitet von Günter Nickolaus (Stuttgart: Ernst Klett, 1977), findet.

Im Glossar verwendete Abkürzungen

adv.	adverbe
f.	féminin
fig.	figuré (übertragen)
lat.	lateinisch
m.	masculin
qc	quelque chose
qn	quelqu'un

Literaturhinweise

Ausgaben

Molière: Œuvres. 13 Bde. Hrsg. von E. Despois und P. Mesnard. Paris: Hachette, 1873–1900. (Les Grands Écrivains de la France.)
Molière: Théâtre complet. 2 Bde. Hrsg. von R. Jouanny. Paris: Garnier, 1960. (Classiques Garnier.)
Molière: Œuvres complètes. 2 Bde. Hrsg. von G. Couton. Paris: Gallimard, 1971. (Bibliothèque de la Pléiade. 8. 9.)

Sekundärliteratur

Adam, A.: Histoire de la littérature française au XVIIᵉ siècle. Bd. 3: L'Apogée du siècle. Boileau, Molière. Paris 1952. S. 181–408.
Arnavon, J.: Le Malade imaginaire. Essai d'interprétation dramatique. Paris 1938.
Auerbach, E.: La cour et la ville. In: E. A.: Vier Untersuchungen zur Geschichte der französischen Bildung. Bern 1951. S. 12–50.
Baader, R. (Hrsg.): Molière. Darmstadt 1980. (Wege der Forschung. 261.)
Bénichou, P.: Morales du grand siècle. Paris 1948.
Bray, R.: La formation de la doctrine classique en France. Paris 1951.
– Molière, homme de théâtre. Paris 1954.
François, C.: Médecine et religion chez Molière: Deux facettes d'une même absurdité. In: French Review 42 (1969) S. 665–672.
Garapon, R.: Le dernier Molière. Des Fourberies de Scapin au Malade imaginaire. Paris 1977.
Grimm, J.: Molière. Realien zur Literatur. Stuttgart 1984. (Sammlung Metzler. 212.)

Gutkind, C. S.: Molière und das komische Drama. Halle 1928.

Gutwirth: Molière ou l'invention comique. La métamorphose des thèmes. La création des types. Paris 1966.

Haffmans, G. (Hrsg.): Über Molière. Zürich 1973.

Hartau, F.: Molière in Selbstzeugnissen und Bilddokumenten. Reinbek bei Hamburg 1976. (Rowohlts Monographien. 245.)

Heiss, H.: Molière. Leipzig 1929.

Jasinski, R.: Molière. Paris 1969.

Köhler, E.: Molière. In: E. K.: Vorlesungen zur Geschichte der französischen Literatur. [Bd.:] Klassik II. Stuttgart 1983. S. 7–112.

Krauss, W.: Über die Träger der klassischen Gesinnung im 17. Jahrhundert. In: W. K.: Gesammelte Aufsätze zur Sprach- und Literaturwissenschaft. Frankfurt a. M. 1949. S. 321–338.

Magendie, M.: La politesse mondaine et les théories de l'honnêteté. Paris 1925.

Pellisson, M.: Les Comédies-ballets de Molière. Sainte-Maxime 1976.

Pelous, J.-M.: Madame de Sévigné, Molière et la médecine de son temps. Argan et sa maladie imaginaire. In: Revue Marseille 95 (1973) S. 179–187.

Raynaud: Les médecins au temps de Molière. Paris 1861.

Stackelberg, J. v.: Le Malade imaginaire. In: J. v. St. (Hrsg.): Das französische Theater. Vom Barock bis zur Gegenwart. Bd. 1. Düsseldorf 1968. S. 311–332.

– Molière. Eine Einführung. München 1986.

Szondi, P.: Molière in der Perspektive einer ›lecture sociologique‹ – Versuche einer Rekonstruktion. In: P. S.: Die Theorie des bürgerlichen Trauerspiels im 18. Jahrhundert. Frankfurt a. M. 1973. S. 199–267.

Valde, P.: Le Malade imaginaire. Paris 1946.

Nachwort

Le Malade imaginaire, Molières letztes Theaterstück, hatte am 10. Februar 1673 im Theater des Palais Royal Premiere. Sieben Tage später, bei der vierten Aufführung, erlitt der schon seit etlichen Jahren lungenkranke Molière, der wie in den meisten seiner Stücke auch hier die Hauptrolle spielte, auf der Bühne einen heftigen Hustenanfall und erlag wenige Stunden nach der Aufführung seiner Krankheit. Einer seiner vielen Kritiker, Bossuet, sah darin eine gerechte Strafe und ein Zeichen Gottes.

Molière, als Komödienschreiber, Schauspieler und Theaterdirektor ebenso erfolgreich wie heftig angefeindet, ist 1622 als Sohn eines königlichen Hoftapezierers (»tapissier du Roi«) in Paris geboren worden. Sein Taufname ist Jean-Baptiste Poquelin. Er wächst in einer begüterten Bürgerfamilie auf und erhält eine Schulbildung, die über das für seinen Stand Übliche hinausgeht: von 1633 bis 1639 besucht er mit den Söhnen der vornehmsten Adelsfamilien das berühmte Pariser Collège de Clermont (heute Louis-le-Grand). Im Jahre 1642 schließt er in Orléans sein Jurastudium erfolgreich ab. Die Wende in seinem Leben tritt ein, als er die Schauspielerin Madeleine Béjart kennenlernt, mit der er in den folgenden Jahren zusammenlebt. Mit ihr und anderen Schauspielern schließt er sich 1643 zu der Truppe »L'Illustre théâtre« zusammen und nimmt 1644 den Künstlernamen Molière an. Trotz finanzkräftiger Unterstützung durch den Herzog Gaston d'Orléans, einen Bruder Ludwigs XIII., muß Molière zweimal ins Schuldgefängnis. 1645 ist das »Illustre théâtre« finanziell am Ende. Zusammen mit der Theatergruppe des Herzogs von Épernon gründen einige seiner Mitglieder daraufhin eine Wanderbühne, mit der Molière in den folgenden dreizehn Jahren kreuz und quer durch Frankreichs Provinzen zieht. Vermutlich bestand das Programm aus Tragödien u. a. von seinen Zeitgenossen Jean Racine und Pierre Corneille, auf die in der Regel »petits divertissements« folgten, lustige Einakter in der Tradition der volkstümlichen

Farce, die zum Teil aus Molières Feder stammten. Aus dieser
Zeit sind nur zwei von Molière selbst verfaßte Komödien erhal-
ten: *L'Étourdi* und *Le Dépit amoureux*. 1658 gelingt ihm mit
Unterstützung von Philippe d'Orléans, dem Bruder Ludwigs
XIV., die Rückkehr nach Paris, und die Zeit seiner großen
Erfolge bricht an. Er findet bald im jungen König selbst einen
Gönner und erhält zunächst die Erlaubnis, das Theater des
Petit-Bourbon zu benutzen. Nach dem großen Erfolg der *Pré-
cieuses ridicules* und des *Sganarelle* darf er im Jahre 1661 mit
seiner Truppe dann ins Theater des Palais-Royal umziehen. Ein
Jahr später heiratet er die Tochter seiner langjährigen Gelieb-
ten, die um zwanzig Jahre jüngere Armande Béjart.

Man kann annehmen, daß Molière, obgleich er berühmt war
und das Wohlwollen des Königs genoß, dennoch wie alle Schauspieler seiner Zeit unter sozialer Ächtung zu leiden hatte. Allerdings ist bekannt, daß er eine stattliche Rente bezog und ein
sorgloses Leben führen konnte. In den folgenden elf Jahren bis
zu seinem Tod schreibt Molière seine Meisterwerke: *L'École
des femmes* (1662), *Tartuffe* (1664), *Dom Juan* (1665), *Le Mis-
anthrope* (1666), *Les Femmes savantes* (1672) und *Le Malade
imaginaire* (1673), um nur die meistgespielten zu nennen. Seit
dem Jahr 1665 trägt seine Truppe den Titel »Troupe du Roi«,
den der Sonnenkönig ihr zum Zeichen der Anerkennung verlie-
hen hat. Dennoch verweigert die Kirche Molière zunächst ein
christliches Begräbnis, das schließlich nur durch das Eingreifen
des Königs – in aller Stille – stattfinden darf.

Molières Werke sind teilweise bereits zu seinen Lebzeiten
gedruckt worden. Die erste Gesamtausgabe besorgte ein Schauspieler seiner Truppe, La Grange, neun Jahre nach seinem Tod.
Sie umfaßt acht Bände und enthält die erste gedruckte Fassung
des *Malade imaginaire*. Molière hatte diese Komödie in drei
Akten ursprünglich für ein Hoffest zum Karneval 1673 geschrieben. Sie ist eine »Comédie-ballet«, eine Neuschöpfung, die
Molière und dem Komponisten Jean-Baptiste Lully (1632–87)
zugeschrieben wird. Gesang- und Tanzspiele zwischen den
Akten, die z. T. Motive der Komödienhandlung aufgreifen,
sich z. T. aber auch ganz verselbständigen, entsprachen dem

damaligen Publikumsgeschmack.[1] Sie machten die Theaterauf-
führung zu einem festlichen Ereignis, wobei hochstehende Per-
sönlichkeiten und zuweilen der König höchstpersönlich Tanz-
rollen übernahmen.

Trotz dieser besonderen Eigenart, die vor allem auf die Unter-
haltungsfunktion der Komödie verweist, ist festzuhalten, daß
bei Molière die Komödie erstmals zum Austragungsort aktuel-
ler gesellschaftlicher Konflikte wird. Er hat sich mit seinen
Stücken im Laufe seiner Karriere in fast allen wichtigen gesellschaftlichen Gruppen Feinde gemacht, die wiederum in seinem
bewegten Privatleben hinreichend Angriffspunkte für ihre Tira-
den fanden: die preziöse Salon- und Hofgesellschaft, Schöngeister, Devote, die Kirche, Juristen und die Zunft der Ärzte wurden immer wieder Zielscheibe seiner beißenden Ironie.

Die Arztsatire spielt in Molières Komödien dabei eine auffal-
lend wichtige Rolle: so in *L'Amour médecin*, *Dom Juan*, *Le
Médecin malgré lui* und *Monsieur de Pourceaugnac*. Häufig
wurden die Gründe dafür auch in seiner Biographie gesucht, da
er während seiner jahrelangen Krankheit sicherlich die Unzu-
länglichkeit der Medizin und die Unfähigkeit vieler Ärzte am
eigenen Leib erfahren mußte. Arztsatire und Medizinkritik hat-
ten allerdings schon in der Commedia dell'arte und in der mit-
telalterlichen französischen Farce ihren festen Platz. Sicherlich
lebt in Vater und Sohn Diafoirus und in Purgon etwas von der
Commedia-dell'arte-Figur des geldgierigen und pedantischen
»Dottore« weiter, der all seine Reden mit lateinischen Aus-
drücken spickt. Auch die derbe skatologische Komik, z. B. das
ungenierte Hantieren mit Klistierspritze und Leibschüssel,
stammt aus dieser volkstümlichen Tradition. Die Namenssym-
bolik im *Malade imaginaire* ist ebenfalls recht deftig: »Purgon«
geht auf »purger« zurück, was »abführen, Abführmittel geben«
bedeutet; »Diafoirus« ist eine griechisch-lateinische Phantasie-
form, die an dt. »Durchfall« erinnert.

Molière karikiert in diesen Figuren die Ignoranz der Ärzte, die
es allein durch Statussymbole wie Robe, Perücke und Doktor-

---

1 Diese Zwischenspiele sind – bis auf das letzte – in die vorliegende Ausgabe nicht
aufgenommen worden; vgl. »Editorische Notiz«.

hut und durch ihren gelehrten Habitus schaffen, die Kranken –
ob nun eingebildet oder echt – einzuschüchtern, von sich abhän-
gig zu machen und dann weidlich auszunehmen. Die Ärzte hat-
ten zwar keine politische, aber offensichtlich eine gesellschaftliche Machtstellung, die sie auch ausnutzten.

Mit seinen satirischen Spitzen gegen die Ärzte zielt Molière
jedoch auch auf den Wissensstand der zeitgenössischen Medizin, die sich noch immer an der antiken Lehre von den Körper-
säften und Temperamenten (»les humeurs«) orientierte: man
ging davon aus, daß vier Körpersäfte – Blut, schwarze Galle,
gelbe Galle, Schleim – durch ihr Mischungsverhältnis im Körper
Wesensart und körperlich-seelisches Wohlbefinden des Men-
schen bestimmen. Krankheiten entstehen demnach aus einem
Ungleichgewicht der Säfte und werden in der Regel durch
Aderlaß, Klistier und eine bestimmte Diät behandelt. Die
Ärzte im *Malade imaginaire* folgen blind den Lehren der
Antike; Vater Diafoirus lobt seinen Sohn: »Mais sur toute chose
ce qui me plaît en lui, et en quoi il suit mon exemple, c'est
qu'il s'attache aveuglément aux opinions de nos anciens [. . .]«
(S. 47).

Diese Lehre ist jedoch zu einem reinen Schematismus in Dia-
gnose und Behandlungsmethoden verflacht. Willkür und Schar-
latanerie sind dadurch Tür und Tor geöffnet: Wenn allein durch
ritualisiertes Pulsfühlen auf die Krankheitsursache geschlossen
wird, kann das leicht zu unterschiedlichen Ergebnissen führen.
Auch die Diätvorschläge sind von Kollege zu Kollege verschie-
den (II,6). Während Purgon jedoch seine Klistiere und Ader-
lässe nach bestem Wissen und Gewissen verordnet (was ihn
nach Ansicht Béraldes nicht weniger gefährlich macht), geht es
Diafoirus nicht darum zu heilen, sondern Regeln zu befolgen:
»[. . .] Pourvu que l'on suive le courant des règles de l'art, on ne
se met point en peine de tout ce qui peut arriver« (S. 49).

Dabei sind diese Regeln bisweilen höchst lächerlich, so z. B.
wenn es um die Anzahl der Salzkörner geht, die man auf ein Ei
streut (s. S. 63). Die auftretenden Ärzte sind weder mit Wissen
noch mit gesundem Menschenverstand gesegnet, sie glänzen
lediglich mit ihrem humanistischen Buchwissen: Wie Bèralde

feststellt, können sie alle Krankheiten griechisch benennen, sie bestimmen und einteilen, aber sie zu heilen sind sie nicht in der Lage (s. S. 75).

Sie beweisen ihre Rückständigkeit vor allem durch die Ablehnung moderner naturwissenschaftlicher Erkenntnisse, wie z. B. der Blutkreislauftheorie, die der Engländer William Harvey 1619 entwickelte und die von der äußerst konservativen Sorbonne immer noch bestritten wurde. Molières Haltung wird darin deutlich, daß er die mit Abstand lächerlichste Figur des Stücks, Thomas Diafoirus, eine Streitschrift gegen diese Theorie verfassen läßt: Er bezieht damit deutlich Stellung für die empirische Naturwissenschaft und gegen die Unterordnung unter die Autorität der Alten. (Man mag sich allerdings fragen, ob Molière nicht vielleicht sogar den grundsätzlichen Skeptizismus Béraldes der Medizin gegenüber teilte.)

Auch was poetologische Fragen betrifft, stellt sich Molière mit dem *Malade imaginaire* wie mit vielen seiner übrigen Stücke gegen die Vorbilder aus der Antike, aus denen die französische Klassik verbindliche Regeln ableitete (die vor allem von Racine und Corneille in ihren Tragödien streng befolgt wurden). So besteht der *Malade imaginaire* nur aus drei Akten statt aus fünf. Er ist nicht in Versen geschrieben (dem gereimten Zwölfsilber oder Alexandriner, als dem Vers des klassischen französischen Theaters), sondern in der schmucklosen Prosa der Alltagssprache. Die Kernstränge der Handlung werden nicht streng entwickelt, sondern immer wieder von Szenen zur reinen Belustigung des Publikums unterbrochen. Dies trifft nicht nur auf die »Intermèdes« zu, sondern auch auf die burleske Beschimpfungsszene zwischen Argan und Toinette (I,2), das Schäfersingspiel von Cléante und Angélique (das für den heutigen Geschmack etwas gekünstelt wirkt) und die Szene mit Fleurant und der Klistierspritze (III,3). – Wichtiger als das unbedingte Einhalten der Regeln von Aristoteles und Horaz war Molière, daß das Publikum Gefallen an seinen Stücken fand. Es war allerdings einer der Hauptkritikpunkte seiner Zeitgenossen, daß Molière sich dabei zu sehr am Geschmack der unteren Gesellschaftsschichten orientierte. Seine Späße sind bisweilen

alles andere als »angemessen« und »würdig«, wie es Boileau in
seiner *Dichtkunst* (*Art Poétique*, 1674) forderte, und Molière
verstößt nicht nur einmal gegen die Gebote der »bienséance«,
der Wohlanständigkeit. Stockhiebe, Kissenschlachten und
Beschimpfungsszenen stehen der volkstümlichen Theatertradi-
tion näher als der »grande comédie«.

Indem Molière eine Wissensauffassung ironisierte, die aus-
schließlich auf die Autorität der Alten gegründet war, und dage-
gen die empirisch- naturwissenschaftliche Medizin verteidigte;
indem er auch in der Poetik den unbedingten Vorbildcharakter
der Antike bestritt, griff Molière einer Diskussion voraus, die
rund fünfzehn Jahre später das französische Geistesleben nach-
haltig prägen sollte: die »Querelle des Anciens et des Moder-
nes«. Die Vertreter der Modernen behaupteten darin den Vor-
rang der zeitgenössischen Kunst vor ihren Modellen aus der
Antike, was sie als emanzipatorisch ausweist. Mit der Entthro-
nung der Antike wurde der geschichtliche Verlauf zum ersten
Mal als eine mit dem steten Wachstum der menschlichen Kennt-
nisse begründete unumkehrbare Vorwärtsbewegung begriffen
und der optimistische Fortschrittsglaube der Aufklärung vorbe-
reitet. Geradezu programmatisch klingt die Antwort, die Angélique dem ohne Sinn und Verstand am Alten festhaltenden Thomas Diafoirus gibt: »Les anciens, Monsieur, sont les anciens, et
nous sommes les gens de maintenant.« (II,6)

Thomas Diafoirus wird allerdings nicht nur wegen seiner intel-
lektuellen Beschränktheit der Lächerlichkeit preisgegeben,
sondern auch wegen seiner affektierten, mit gelehrten Ein-
sprengseln gespickten Reden. Er repräsentiert damit eine
weitere von Molière mehrfach angegriffene gesellschaftliche
Gruppe: die der preziösen Schöngeister. Seine gewollt-galanten
Begrüßungsansprachen (die etwas mißglücken, weil er seine
Zukünftige als Schwiegermutter anredet) sind voller gestelzter
literarischer Anspielungen und verstoßen ebenso wie das Prah-
len mit seiner lateinischen Bildung gegen die gesellschaftlichen
Verhaltensnormen der »honnêteté«. Thomas Diafoirus ist weder elegant noch von angenehmem Wesen – kurz, er ist alles
das nicht, was einen »honnête homme« auszeichnet und wofür

Cléante gepriesen wird: von edelstem Anstand, gepflegtem und angenehmem Äußeren, hochherzig und gebildet, ohne auf irgendeinem Gebiet durch sein Wissen hervorzustechen, ein vollendetes Mitglied der gebildeten Gesellschaft und ein kluger, doch zurückhaltender Unterhalter. Gänzlich unmöglich machen mußte er sich in den Augen des zeitgenössischen Publikums durch sein Brautgeschenk, den Traktat gegen die Blutkreislauftheorie, und seinen Vorschlag, Angélique mit einer Leichenöffnung zu unterhalten, so wie andere Kavaliere ihre Damen ins Theater führen.

Gesellschaftlicher Träger des Verhaltensideals der »honnêteté« ist die als »la cour et la ville« bezeichnete kulturelle Elite. Zu ihr gehören der Hofadel und der Amtsadel, d. h. jene reiche bürgerliche Schicht, die mit dem Kauf bestimmter Ämter in der Verwaltung in den Adelsstand erhoben wurde und die nun zusammen mit dem wirtschaftlich ebenfalls unproduktiven und darüber hinaus politisch entmachteten alten Adel ihre Aktivitäten im Bereich der Kultur entfaltet. Molière mißt seine Figuren an diesem Maßstab. Argan verletzt durch seinen Krankheitswahn, der ihn egoistisch und tyrannisch werden läßt, die Regeln des gesellschaftlichen Zusammenlebens. Er verhält sich in höchstem Maße unschicklich, was seine Schimpftiraden und Prügeleien betrifft; außerdem ist sein Verhalten im eigentlichen Sinne unsozial und er wird dafür verlacht und mit dem Scheitern seiner Pläne bestraft. Da er alle seine Beziehungen zu seiner Umwelt seinem Wahn unterordnet, trübt sich sein Blick für die Wirklichkeit: Er schätzt diejenigen, die ihn ausnützen wollen (Béline, Bonnefoi, die Ärzte) und erkennt nicht, wer ihn aufrichtig liebt und ihm Achtung entgegenbringt. Er wird so durch seine eingebildete Krankheit angreifbar; sie stört sein Verhältnis zu seinen Mitmenschen und – dies war im 17. Jahrhundert eine besonders abschreckende Konsequenz – sie isoliert ihn. Argan wird zu einem erträglichen Familienmitglied nur, weil die übrigen Personen auf seine Spinnereien eingehen und ihn in einer komischen Zeremonie sogar zum Doktor machen. Somit wird er am Ende zwar nicht belehrt, aber immerhin unschädlich für die Gemeinschaft.

Die Dienerin Toinette, die weibliche Glanzrolle des Stücks, zeichnet sich als Angehörige der Unterschicht ebenfalls nicht durch »honnêteté« aus, aber sie besitzt »bon sens«. Molière hat ihr, gegenüber den typenhaften Dienerfiguren der Commedia dell'arte, mehr Charakter und mehr Bedeutung für die Komödienhandlung gegeben: schließlich ist sie es, die alle Fäden in der Hand hat. Toinette entlarvt nicht nur die scheinheilige Béline als Erbschleicherin, sie ermöglicht auch die Verbindung des jungen Liebespaars und befreit Argan aus der Abhängigkeit von seinem Arzt. Mit ihrer Verkleidung als Arzt schafft sie es einerseits, ihn wenigstens zum Teil auf den Weg seiner normalen Lebensgewohnheiten zurückzuführen (z. B. was die Ernährung betrifft), andererseits flößt sie ihm durch ihre brutalen Therapievorschläge Mißtrauen gegen die Ärzte ein. Toinette ist die einzige, die die Schwächen der anderen, Heuchelei, Egoismus und den Scheincharakter der ärztlichen Hilfe, nicht nur durchschaut (dies tut auch Béralde, der aber als Komödienfigur eher blaß bleibt), sondern handelnd die Konsequenzen zieht und die zudem zum gesamten Geschehen eine ironische Distanz hat (wie sich z. B. in ihrem ersten Gespräch mit der verliebten Angélique zeigt, I,4). Ihre Natürlichkeit, ihr gesunder Menschenverstand, ihr Witz und die natürliche Moralität, die sie Argan trotz allem die Treue halten läßt, zeichnen sie vor allen anderen Figuren aus. Fast könnte es scheinen, als seien für Molière die eigentlich sozial wertvollen und tragenden Kräfte nicht die oberen, sondern die niederen Gesellschaftsschichten. Auch darin liegt ein gesellschaftskritisches, vorausweisendes Moment seines Theaters.

So läßt sich die Frage, ob Molière sich in erster Linie als Moralist verstand, ob er die Komödie als soziales Korrektiv ansah oder mit seinen Stücken nur belustigen und unterhalten wollte, wohl am besten im Sinne der Horazschen Forderung nach »prodesse et delectare«, nach Unterhalten *und* Belehren beantworten. Denn wäre sein einziges Ziel die Unterhaltung gewesen, Molière hätte sich nicht den Zorn und die Ablehnung so vieler gesellschaftlich mächtiger Gruppen zuziehen müssen.

Monika Schlitzer

Inhalt

Le Malade imaginaire 3

Editorische Notiz 115

Literaturhinweise 117

Nachwort 119

Fremdsprachentexte

IN RECLAMS UNIVERSAL-BIBLIOTHEK

Französische Literatur

Marcel Aymé: Le Passe-muraille et autres nouvelles. 9179

Honoré de Balzac: Le Colonel Chabert. 9159 [2]

Albert Camus: L'Étranger. 9169 [2]

Pierre Daninos: Vacances à tous prix. Choix de textes. 9199

Alphonse Daudet: L'Enfant espion. Contes du lundi. 9188

Gustave Flaubert: Un Cœur simple. 9200

Anatole France: Crainquebille. / Les Juges intègres. 9162

André Gide: L'École des femmes. 9189 [2]

Jean Giraudoux: La Guerre de Troie n'aura pas lieu. 9163 [2]

Eugène Ionesco: La Cantatrice chauve. 9164

Alfred Jarry: Ubu roi. 9208

Jean de La Fontaine: Fables. Mit Illustrationen von Gustave Doré. 9182

Maurice Leblanc: La Partie de baccara. / La Lettre d'amour du roi George. 9201

Guy de Maupassant: Contes. 9153

Prosper Mérimée: Carmen. / Vision de Charles XI. 9171 [2]

Jacques Prévert: Poèmes et Chansons. 9155

Jules Romains: Knock ou Le Triomphe de la Médecine. 9154 [2]

Antoine de Saint-Exupéry: Courrier Sud. 9174 [2]

Jean-Paul Sartre: Morts sans sépulture. 9175 [2]

Sempé/Goscinny: Le Petit Nicolas. Choix de textes. Mit Illustrationen. 9204

Stendhal: Vanina Vanini. / San Francesco a Ripa. 9194

Jules Verne: L'Éternel Adam. 9186

'lipp Reclam jun. Stuttgart